日経文庫
NIKKEI BUNKO

ビジネス 新・教養講座

企業経営の教科書

遠藤 功

日本経済新聞出版

まえがき

　本書は２０１４年4月に出版した日経文庫『ざっくりわかる企業経営のしくみ』に大幅加筆・修正したものです。全面リニューアルにあたり、タイトルも『企業経営の教科書』と改題しました。

　さらに遡ると、前著は２００５年に刊行した日経文庫『企業経営入門』がもとになっています。これら2冊合算で18刷、累計4万６５００部のロングセラーとなっています。

　3冊目となるリニューアル版ですが、その目的は変わっていません。それは「企業経営とは何か」「会社とは何か」という最も根本的な問いかけに対して、入門編としてわかりやすく全体像を解説することです。

　読者の皆さんは、日ごろ、所属する部署で日々の仕事に忙しく従事していることと思います。ビジネスパーソンとして与えられた仕事や責任を果たすことが大切であることは言うまでもありません。

　しかし、ともすると目先のことばかりに終始し、会社全体のことや世の中とのつながりなどを意識することは薄くなってしまいがちです。そもそも会社とは何のために存在するのか、経営とはいったい何なのか、会社とはどのようなしくみで回っているのかなどを理解することもなく、目の前のことばかりに追われてしまいます。

本書は企業経営という「生きもの」の全体像を、ざっくりとつかんでいただくための入門テキストです。自らの専門分野が何であれ、ビジネスパーソンとして最低限知っておくべき経営の大きな体系や普遍的な知識、理論、手法などをコンパクトに解説しています。

普遍的といっても、私たちを取り巻く環境はめまぐるしく変化し、企業は新たな環境に適合していかなければ生き残っていけません。当然、私たちが「最低限知っておくべき」知識や情報も常にアップデートする必要があります。

この7年間だけを振り返ってみても、企業経営は大きく変貌しています。前回の改訂版を刊行した2014年4月30日の日経平均終値は1万4304円と、年初から2000円近く下落しました。消費税率を17年ぶりに5%から8%へと引き上げた反動で個人消費が大きく冷え込みました。さらに、中国経済の減速が鮮明になり、アルゼンチン・ペソが急落するなど「新興国リスク」も高まりました。過激派組織「イスラム国」（IS）が勢力を拡大したのもこのころです。

前回の改訂の際にも、「企業を取り巻く環境が激変したのでリニューアルする」とまえがきで述べたのですが、今回はその必要性がさらに高まったと言えます。デジタルテクノロジーの進展、グローバル競争の熾烈化、そして新型コロナウイルス感染拡大による世界情勢の混迷と経済の低迷……。かつて経験したことがないほど劇的な環境変化のなかで、企業はさまよい、迷走しています。

しかし、私たちは立ち止まったり、うろたえたりしているわけにはいきません。こんな時だからこそ、「企業経営とは何か」という原点に立ち返る必要があると私は思っています。

経営は「変」と「常」（不変）で成り立っています。環境に適応し、ときには先取りし、「変化」し続けることが経営の基本です。その一方で、どんなに環境が変わろうとも変えてはならない「常」なるものも存在します。「変」と「常」のバランスの上で、企業は成り立っています。

本書では経営における「常」（原理原則）を明らかにしたうえで、新たな企業経営の考え方やコンセプト、技術トレンドなどを体系的に解説しています。新たな文脈の下で、企業人ならば知っておくべき経営の基本的知識を「ざっくり知る」ための入門テキストとして活用いただければ幸いです。

各章に新たな項目を追加するだけでなく、これからの経営を考える際に不可欠であるデジタルテクノロジーのインパクトについて独立した章（第10章）を追加しました。

また、「私がお薦めする『次に読みたい1冊』」もリニューアルしました。10のテーマごとに、より深く追究したい方のために私がお薦めする良書を選んでいます。興味を抱いた方はぜひお読みください。

2021年1月

遠藤　功

目次

第1章　変わり続ける時代の企業経営

第2章

強烈な経営理念が組織を動かす

第3章

どこで、どのように戦うかを定める
——戦略のマネジメント

第4章　「売れるしくみ」をつくる――マーケティングのマネジメント

第5章 戦略を実現する組織を設計し、運営する
――組織のマネジメント

第6章

企業は人なり——人材のマネジメント

第7章

お金の流れを管理する——資金のマネジメント

第10章 デジタルが変える企業経営

第1章
変わり続ける時代の企業経営

1 企業経営の本質を理解する

(1) 企業経営とは「付加価値」を生み出すこと

『中小企業白書』（２０１６）によると、日本には約３６０万もの数の企業が存在しています。トヨタ自動車やソニーのような世界に冠たる大企業もあれば、街中の小さな商店や工場などさまざまな規模、形態の企業がそれぞれの活動を営んでいます。

そうした企業は何を目的に日々の活動を行っているのでしょうか。ひと言で言えば、世の中に対して何か意味のある「付加価値」を生み出すことが企業活動の目的であると言えるでしょう。

例えば、家電メーカーは自社の技術力を駆使して、生活が豊かで便利になるさまざまな新製品を生み出そうと日夜努力しています。街中の理髪店はヘアカットという技術を使って、お客さんが満足するヘアスタイルを提供するという付加価値活動に従事しています。

物理的なものを生み出す製造業と目に見えない付加価値を生み出すサービス業では、付

図表 1-1
企業活動の循環

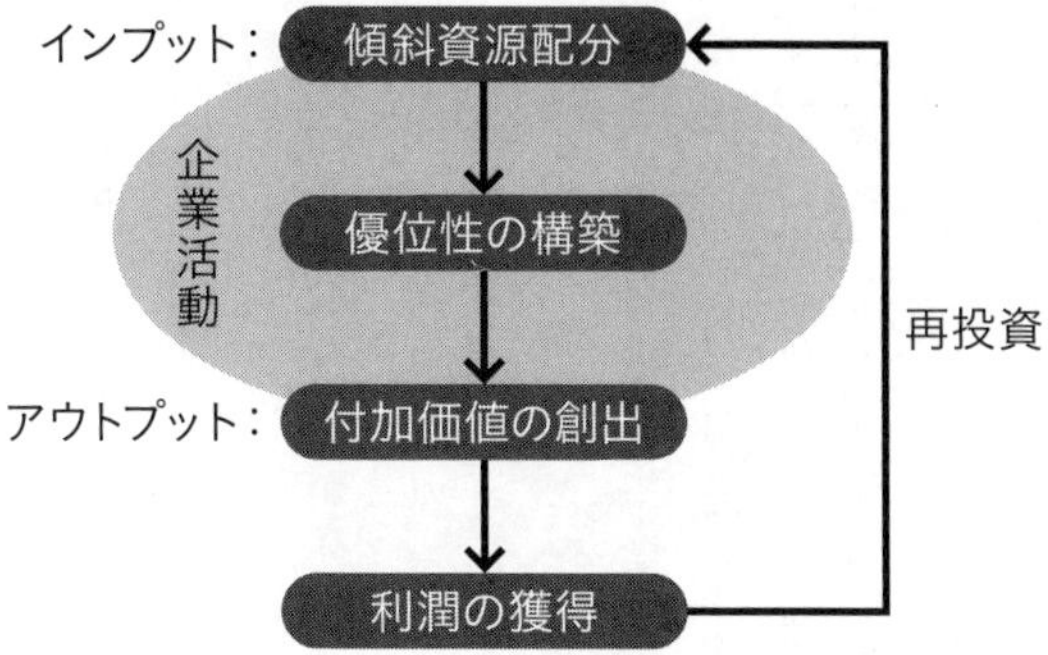

加価値の形態は異なりますが、世の中の企業や人々が意味があると感じる付加価値を生み出すという点では共通しています。企業や人々はこうした付加価値に対して対価を支払い、その結果、企業は「利潤」を得ることができるのです。そして、企業は得られた利潤を付加価値活動に「再投資」し、新たな付加価値を生み出そうとします。こうした循環を繰り返すことによって、企業は「成長」し、社会や人々も豊かになっていきます（図表１－１）。

　営利会社である企業は常に利潤を追求しなければいけませんが、それは世の中の人々が認知する付加価値を生み出すことによってもたらされることを忘れてはいけません。

(2) 競争があるから進化できる

企業経営を理解するうえで重要なのは、「競争」という考え方です。付加価値を生み出そうとしても、似たような発想を持った企業が存在すれば、そうした企業との熾烈な競争になります。

小さな島に商店がひとつしかなければ、たとえ品揃えやサービスが悪くても、商売を独占することができます。しかし、新たに商店ができれば様相は変わります。競争相手を凌駕する「独自の付加価値」を生み出さなければ、競争に勝つことはできません。それを「差別化」と呼びます。企業活動とは、数多くの競争相手との違いを際立たせ、自分の会社ならではのオリジナリティーを生み出すことなのです。

近年では、「競争の質」も変化してきています。経済活動のグローバル化が進展するなかで、競争のグローバル化もますます激しさを増しています。日本の大企業が内外の大手企業と熾烈な競争を繰り広げる一方で、さまざまな海外企業と手を組み、協業を模索する動きも広がっています。

例えば、トヨタ自動車とソフトバンクは、2019年に共同出資会社「MONET（モネ）」を設立しました。この会社は日本における新たな移動サービスを開発、展開することを目的とし、自治体や企業と連携し、「地域連携型オンデマンド交通」や「企業向けシャトルサービス」の事業を開始しています。

また、異分野の企業が新規分野に参入し、それまでの「ゲームのルール」を大きく変えてしまうことも起きています。セブン＆アイ・ホールディングスは２００１年にアイワイバンク銀行を設立。２００５年にセブン銀行に名称変更し、ＡＴＭによる決済（現金出納サービス）専業銀行という新しいビジネスモデルを確立させました。当初は「融資を伴わない銀行など成立しない」という否定的な声もありましたが、利便性と多様なサービスの展開で今では社会に根付いています。

その一方で、業界の再編も進行し、競争の質に変化をもたらしています。熾烈なグローバル競争と世界経済の落ち込みという厳しい状況にある鉄鋼業界では、業界再編が進行しています。かつての日本には高炉を持つ会社が５社存在しましたが、今では日本製鉄を中核とするグループとＪＦＥホールディングスの２大グループ体制へと再編されました。

競争は質的な変化を伴いながら、ますます熾烈なものになっていきますが、企業は競争があるからこそ成長、進化するとも言えます。適正な競争を通じて、お互いが切磋琢磨し、付加価値競争を繰り広げることによって、社会もより豊かになっていきます。

(3) 長く持続できてこその「優位性」

企業活動は競争環境のなかで、競争相手との間に差を生み出し、「優位性」を構築することであると定義することができます。しかも、その優位性は長期的に持続可能な競争優位性であることが理想です。

たとえ優位性構築に成功しても、競争相手がその後を追随し、キャッチアップされてしまえば、せっかくの優位性も消えてしまいます。競争相手が簡単には真似のできない持続性のある優位性構築を目指さなければなりません。そのためには、独自技術や特徴のある組織能力を磨いたり、顧客に選ばれるようなブランド力を構築することが求められます。

こうした優位性を構築するために、経営者は自社の持っている強み、弱みを把握したうえで、「資源配分」を行います。人、モノ、金、情報という4つの経営資源を適切に配分することによって、独自性が高く持続可能な優位性を構築することが経営者の役割です。

その際、重要なのが経営資源を「傾斜配分」することです。限られた経営資源をあれにもこれにもと満遍なく、均等に配分していたのでは、競争相手と異なる優位性を生み出すことは困難です。資源配分は傾斜させてこそ意味があるのです。

経営資源の傾斜配分を行うために必要となるのが、「競争戦略」です。傾斜させるといっても、何の脈絡もなく、思い付きで傾斜させていたのでは、優位性構築にはつながりません。傾斜させるための「合理性」が必要であり、その指針となるものが競争戦略なのです。競争環境や自社の強み・弱みなどを客観的に理解したうえで、どの事業に、どの商品（サービス）に、どの地域に経営資源を優先的に配分して独自の強みを構築するのかの合理的なシナリオこそが戦略なのです。

2 企業経営とはイノベーションそのもの

(1) 新しい満足を生み出すということ

経営学者、社会学者として有名なピーター・F・ドラッカーは「企業の目的は、顧客の創造である。したがって、企業は2つの、そして2つだけの基本的な機能を持つ。それがマーケティングとイノベーションである」と述べています。

そして、イノベーションとは「新しい満足を生み出すことである」と定義しています。「独自の付加価値」を生み出すということは、まさに「新しい満足」を生み出すことと同義語と言えます。

イノベーションという言葉は、1911年にオーストリア出身の経済学者ヨーゼフ・シュンペーターによって初めて定義されました。イノベーションの語源は、ラテン語の“innovare”（新たにする）＋“novare”（変化させる）だと言われています。

日本ではイノベーションというと「技術革新」（新たな技術の発明）という狭い定義で理解されがちです。これは1958年の『経済白書』で、イノベーションが「技術革新」と訳されたことに由来します。

しかし、シュンペーターの定義したイノベーションは、技術的な革新にとどまらず、世の中で生まれるすべての革新を含んだ広範囲のものです。彼はイノベーションを「経済活動の中で生産手段や資源、労働力などをそれまでとは異なる仕方で新結合すること」と定義しています。

そして、イノベーションのタイプとして

●新しい財貨すなわち消費者の間でまだ知られていない財貨、あるいは新しい品質の財貨の生産
●新しい生産方法の導入
●新しい販路の開拓
●原料あるいは半製品の新しい供給源の獲得
●新しい組織の実現

という5つを挙げました。

つまり、新たな価値を新たな方法で生み出し、新たな満足を生み出すことはすべてイノベーションです。企業経営とはイノベーションそのものであると言うことができます。

(2) イノベーションのジレンマ

企業はそれぞれが選択した業界・領域において、日々イノベーションを生み出すために活動をしています。そして、新たなイノベーションを生み出すことに成功した企業が成長を実現し、よい業績を上げることができます。

しかし、企業が常にイノベーションを生み出し続けることができるかというと、そこに

は大きな落とし穴があります。それを「イノベーションのジレンマ」と呼びます。

これはハーバード大学ビジネススクールのクレイトン・クリステンセン教授が1997年に発表した考え方です。彼はイノベーションを従来製品の改良を進める「持続的イノベーション」と従来製品の価値を破壊しうるまったく新しい価値を生み出す「破壊的イノベーション」の2つに分けました。

そして、優良企業は顧客のニーズに応えて従来製品の改良を進めることに熱心で、ニーズのないアイデアについては切り捨てる傾向が強いと指摘しています。また、既存事業とのカニバリゼーション（共食い）が生まれるリスクがあるので、新興市場への参入が遅れがちになります。つまり、かつてイノベーションを生み出した優良企業だからこそ、現状の延長線である「持続的イノベーション」に固執しがちであり、「破壊的イノベーション」を起こしにくいのです。「破壊的イノベーション」が大企業からは生まれにくく、ベンチャーのような新興企業から生まれてくるケースが多いのはここに理由があります。

デジタルカメラが登場した当初、その画質は低く、フィルムカメラメーカーはこの技術に大きな関心を示しませんでした。また、既存のフィルムカメラやフィルムのビジネスを守ろうという意識も強かったのです。

やがて、デジカメの性能、品質は新興勢力や新規参入企業によって飛躍的に高まりました。そして、フィルムカメラはデジカメに主役の座を奪われたのです。

既存の価値をあえて否定することによって、連続的にイノベーションを生み出すことができるかどうか。企業が時代を超えて繁栄を続けることができるかどうかは、そこにカギがあると言えます。

3 社会の一員としての企業——SDGsとESG

(1)「社会の公器」としての責任と役割

企業が付加価値創造活動を継続的に行うためには、内外の関係者の協力や関与が不可欠です。企業と利害関係を持つ個人や法人、機関などを「ステークホルダー」と呼びます。具体的には、株主、社員、労働組合、仕入先や外注先、最終消費者などが挙げられます。

企業は常にこうしたステークホルダーとの関係性を意識し、良好な関係を保つ責任を負っ

図表1-2
CSRとCSVの違い

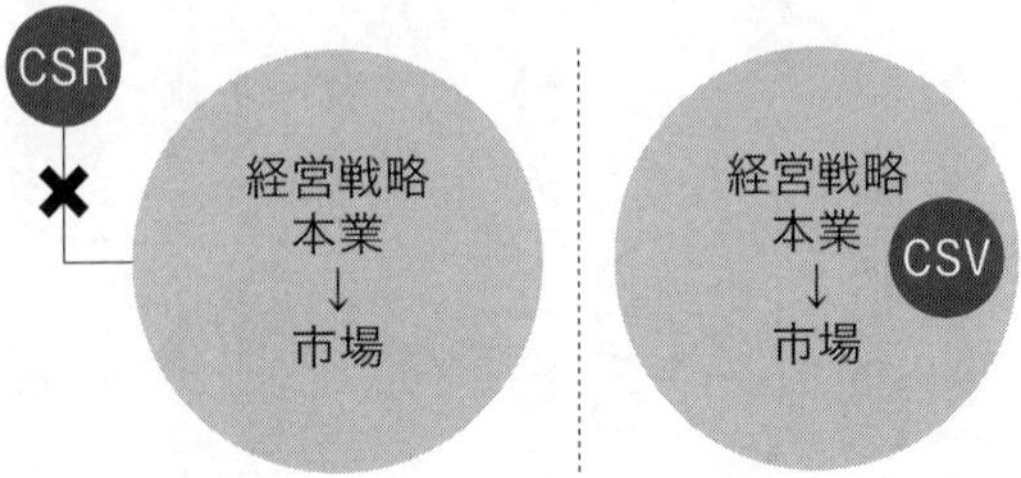

出所：CSV Japan HP

ています。

こうした企業が担うべき責任は、その範囲が大きく広がりつつあります。これまでは企業と直接的な利害関係を持つステークホルダーとの関係性を調整し、保つことが中心でしたが、ステークホルダーをより広く捉え、地域社会や国、自治体、さらには地球への影響などを含めた広範囲のステークホルダーの要求に応えることが求められています。

これまでにもＣＳＲ（Corporate Social Responsibility：企業の社会的責任）やＣＳＶ（Creating Shared Value：共通価値の創造）などの概念が提唱され、目先の利潤や便利さだけを追求するのではなく、「社会の公器」としての責任と役割を担うことの重要性が指摘されてきました。

ＣＳＲは企業が社会の一員として存続するために、

社会的な公正さや環境への配慮を活動のプロセスに組み込む責任を指しています。具体的には、法令遵守や環境対策、労働安全衛生、人権擁護、社会貢献などが対象となっています。

一方、CSVは企業の事業活動に即した形で社会的課題を解決する取り組みを行っていくべきだとする考え方です。CSRが企業の本業とは一線を画し、企業の社会貢献活動として位置付けられがちなのに対し、社会貢献を経営戦略のなかに組み込み、事業活動を通じて社会的課題を解決することを目指しています（図表1－2）。

CSRやCSVという言葉こそ使っていませんが、多くの日本企業は従来から「社会の公器」として経済的価値と社会的価値の両立を目指し、さまざまな活動に取り組んでいます。企業はあくまでも社会の一員としての存在であることをこれまで以上に強く認識する必要があるのです。

(2) 持続可能な世界を実現するためのSDGs

地球規模の気候変動、生物多様性の損失、貧困や格差、紛争や人権侵害など世界が抱える問題はますます深刻になっています。そうしたなかで、企業の社会的責任を問う声はこれまで以上に大きくなっています。

現在、世界中の多くの企業が取り組んでいるのがＳＤＧｓ（Sustainable Development Goals：持続可能な開発目標）と呼ばれる活動です。ＳＤＧｓとは２０１５年9月に国連サミットにおいて全会一致で採択された目標です。「地球上の誰一人取り残さない（leave no one behind)」持続可能で多様性と包摂性のある社会の実現のため、２０３０年を年限とする17の開発目標（ゴール）と１６９のターゲットが定められ、各国政府や自治体だけでなく、民間企業も積極的に参加しています。その後、２０１７年の国連総会で２４４の指標が採択されました。

ＳＤＧｓは拘束力のない行動指針にすぎませんが、各国の企業は経営戦略のなかでＳＤＧｓを位置付け、積極的に取り組んでいます。ユニリーバのポール・ポールマンＣＥＯはこう語っています。「貧困を放置することは、ビジネス機会の喪失を意味する。そこには新規市場、投資、イノベーションを通じて得られる何兆ドルという利益が眠っている。しかし、これを勝ち取るためには、ビジネスのやり方を変え、貧困、格差・不平等、環境課題に取り組む必要がある。ＳＤＧｓの達成は、より公平でレジリエンスな世界という、好ましいビジネス環境をもたらす」。

企業にとってはSDGsに取り組むことにより、いくつかのメリットを享受することができます。例えば、SDGsの目標達成につながる製品やサービスの開発によって、新規市場開拓や事業機会創出につながる可能性があります。また、投資家の評価が高まり、顧客には社会課題に積極的に取り組む企業であるとのイメージを喚起し、企業ブランドを高めることができます。

(3) ESGという機関投資家の投資原則

SDGsと同様に近年注目されているのが、ESGという言葉です。ESGとはEnvironment（環境）、Social（社会）、Governance（企業統治）のイニシャルからとった言葉です。

SDGsが国連総会で採択された2015年から9年さかのぼる2006年に、当時の国連事務総長だったコフィー・アナン氏が「責任投資原則（PRI：Principles for Responsible Investment)」を金融業界に対して提唱しました。そのなかで、ESGという考え方が打ち出されました。

機関投資家は従来の財務情報だけでなく、ESGという3つの観点から投資先である企業を多面的に評価し、投資判断することを求めたのです。ＥＳＧは企業の短期的な収益性だけでなく、企業経営のサステナビリティ（持続的な成長）を評価するものさしと言えます。

ＥＳＧに賛同する機関投資家は徐々に増え、２０１８年には全世界で２０００以上の機関投資家が署名しています。日本においても、年金積立金管理運用独立行政法人（ＧＰＩＦ）をはじめ、60以上の機関が署名しています。

企業側にとっては、ＥＳＧについての取り組みを積極的に開示し、投資家からの理解や評価を得る必要が高まっていると言えます。

例えば、フランスの食品大手ダノンは、定款に「①製品を介した健康の改善②地球資源の保護③将来を社員と形成すること④包摂的な成長」というＥＳＧに関する新たな４つの目標を盛り込みました。フランスは２０１９年に利益以外の目標を達成する責任を負う「使命を果たす会社」を新たな会社形態に取り入れるという新法を制定し、ダノンはその第１号となりました。

企業の社会的責任はこれまで成長や利益と比べ付随的な位置付けでしたが、企業の公益性がより重視されるようになっています。環境や自然、人を優先的に重視する企業こそが、顧客や投資家から支持される時代に入っているのです。

4 循環型社会と環境経営

(1) 循環型社会の実現

高度経済成長期の大量生産、大量消費、大量廃棄型のビジネス・システムはもはや通用しなくなりました。有限の資源を大切にし、廃棄物を再生利用し、自然環境を破壊しない「地球にやさしい」企業行動が望まれています。

1992年にブラジルで開催された地球サミット（国連環境開発会議）は、リオ宣言として「持続可能な開発・発展」を採択しました。「将来の世代のニーズを満たす能力を損なうことなく現在の世代のニーズを満たすこと」を掲げ、「循環型社会」という社会モデルや「ゼロ・エミッション（ゴミのない）」という社会システムが提唱されました。

循環型社会を実現するポイントは次の5つです。

●**資源消費抑制**　経済活動における天然資源の消費そのものを抑制する

●**廃棄発生抑制**　長く使えるものを作ったり、ものを大事に使うことで廃棄を抑制する

●**再使用（リユース）**　使い終わったものでも繰り返し再使用する

●**再生利用（リサイクル）**　再使用できないものは資源として再活用する

●**適正処分**　どうしても使えないものだけを適切に処分する

(2) 環境と企業経営

「ＥＳＧ（環境・社会・ガバナンス）」経営を目指す会社が増えることによって、企業の環境への取り組みも広がっています。日経ＢＰが実施した「環境ブランド調査２０１８」によると、総合ランキングではサントリーが2年連続で首位になりました。

同社は２００３年に「天然水の森」活動を開始し、水の大切さを広く伝える活動を行っています。小学生向けに行っている「水育」は10年以上継続し、のべ７０００人の社員が業務の一環として水源地の森林を整備する体験研修に参加しています。

2位にはトヨタ自動車、3位にはイオンがランクインしています。環境への取り組みはＣＳＲやＥＳＧの取り組みとしてのみならず、社外から高い評価を受け、企業イメージを

高める効果も期待できます。

また、環境保全を目的としたエコビジネスは新事業としても期待されています。ゴミの大量廃棄、大気汚染、オゾン層破壊、地球温暖化、酸性雨による自然損傷、砂漠化現象などの問題を予防、代替、処理する新しい環境ビジネスが生まれつつあります。

5 気候変動が変えるリスクマネジメント

(1) リスクマネジメントの範囲が拡大

ステークホルダーが拡大、多様化するのと同様に、企業を取り巻くリスクもますます多様化しています。

企業経営は「変化への対応」であると同時に、「リスクへの対応」という側面を持っています。企業経営におけるリスクマネジメントとは、事業の運営上発生するさまざまなリスクを可能な限り少なくし、仮にリスクが発生した場合でも、その影響を最小限に食い止めることであると定義できます。

リスクの多様化と連動して、リスクマネジメントの範囲は格段に広がっています。一般的なリスクとしては、製造物責任（ＰＬ）などのビジネスリスク、地震・火災などの災害リスク、戦争や政情不安といったカントリーリスクなどが挙げられます。

また近年では、ＩＴの進展に伴う情報セキュリティリスクなど新たなリスクが生まれてきています。情報漏洩や顧客情報流出など多様化するリスクに対して、予防対策とともに、リスク発生を想定した対処方法と拡大防止策を講じる必要があります。近年では発生時の賠償リスクを軽減するためのリスク保険が数多く開発されています。

(2)「エマージングリスク」への対応

突如発生して社会に大きなインパクトを与えるリスクを、「エマージングリスク」と呼びます。「エマージング」とは「新興」や「新出現」を意味する言葉です。

突如発生する予期せぬ事象であり、その原因や拡大経路、予防策を含めて全体像が見えづらいのが、エマージングリスクの特徴です。気候変動やサイバーテロ、そして新型コロナウイルス感染拡大に代表されるパンデミック（感染爆発）など、そのタイプや影響度合いはさまざまです。

エマージングリスクは統計データや知見が乏しい傾向にあり、リスクへの対処が困難です。その結果、リスクがもたらすインパクトが想定以上に大きくなりがちです。その典型例が、新型コロナウイルスの感染拡大です。コロナは瞬く間に世界中に広がり、とてつもない規模の経済損失をもたらしてしまいました。

エマージングリスクは技術革新とも密接に結びついています。自動車の自動運転やＡＩ、ドローン、ウェアラブル端末など、新たな技術が登場し、私たちの生活を大きく変えていきます。しかし、それらの新しい技術は未知のものであり、これまでになかったような新たなリスクが潜んでいます。こうしたことから、エマージングリスクは「ニューリスク」とも呼ばれています。

(3) 企業倫理の欠如は、存亡の危機につながる

外部に対するリスクマネジメントだけでなく、企業に内在するリスクにも目を光らさなければなりません。そのなかでも、基本中の基本はコンプライアンスです。コンプライアンスは「法令遵守」と訳され、企業が法律や規則に違反しないことを意味しています。

企業が遵守すべき法律は、民法、商法、刑法、独占禁止法、労働基準法、環境基準法など実に多岐にわたります。しかし実際には、自動車メーカーのリコール隠しや金融機関の不祥事など、自社の成長や利益にばかり目が奪われ、法の遵守がおろそかにされている例は決して少なくありません。

コンプライアンスの軽視は、社会に対する背任行為であるばかりか、企業のイメージを傷つけ、存亡の危機に陥れる最大のリスクのひとつであることを再認識しなければなりません。また、たとえ合法であっても、社会通念上容認されないような行為は倫理面からの見直しも求められています。企業が自らの行動を倫理面から律する倫理規定などを整備し、社内に徹底させることもリスクマネジメントのひとつと言えます。

(4) 環境リスクマネジメントの重要性が高まっている

多様化するリスクのなかでも、とりわけ地球温暖化や自然災害、未知のウイルスによる感染症爆発（パンデミック）など、環境変化が企業活動にもたらすリスクが高まっています。

２０１１年3月11日に起きた東日本大震災は、原子力の安全対策についての課題が浮き彫りになると同時に、企業活動の脆弱性も露呈させました。「1000年に1度」と言われる未曾有の大震災は、これまでに経験したことのない広域かつ巨大な複合連鎖災害を引き起こしました。

企業にとって想定外のことが立て続けに発生し、「想定外の連鎖」に直面しました。「計画停電」やサプライチェーンの断絶という前代未聞の事態に立ちすくみ、初動対応だけでなく、業務や事業の復旧、継続に大きな支障をきたした企業も多かったのです。

また、2020年に発生した新型コロナウイルスによるパンデミックは、さらに大きなダメージをもたらしました。コロナウイルスは瞬く間に世界中に拡散し、すべての社会活動、経済活動がストップしてしまいました。

人の移動がストップし、そのことによって「需要の蒸発」「雇用の蒸発」が連鎖的に発生し、とてつもない規模の経済的損失をもたらしました。

また、米国やオーストラリアでは大規模な山火事が発生し、日本でも毎年のように台風や豪雨による被害が発生しています。

もともと日本は自然災害のリスクが高い国です。特に地震のリスクが高く、今後30年の間に70~80%の確率で南海トラフ地震が起きると言われています。静岡から宮崎に至る南海トラフ沿いのプレート境界を震源とするこの地震が起きれば、死者は30万人に達すると推定されています。

(5) BCPのあり方を問い直す

増大する環境リスクに対応するためには、ＢＣＰ（Business Continuity Plan：事業継続計画）の策定や内容の見直しが不可欠です。ＢＣＰとは自然災害や事故などの不測の事態によって事業活動の停止を余儀なくされた時に、その事業停止によるロスを最小化し、早期の事業再開を果たすための手順を事前に定めておくことです（図表１－３）。

ＢＣＰは決して新しい概念ではありません。自然災害の多い日本では、リスクマネジメントの大きな柱としてＢＣＰ策定が不可欠であるという認識はこれまでも広く持たれていました。１９９５年の阪神・淡路大震災、２００７年の中越沖地震、そして２０１１年の東日本大震災などが契機となり、ＢＣＰの策定、見直しに取り組む企業は増えています。

これまでのＢＣＰの見直し、高度化の例として、エネルギー源の確保、情報システムの二重化、代替施設の手当て、複数の納入業者の確保、アウトソーシングの活用などが挙げられます。

図表 1-3
BCPの概念図

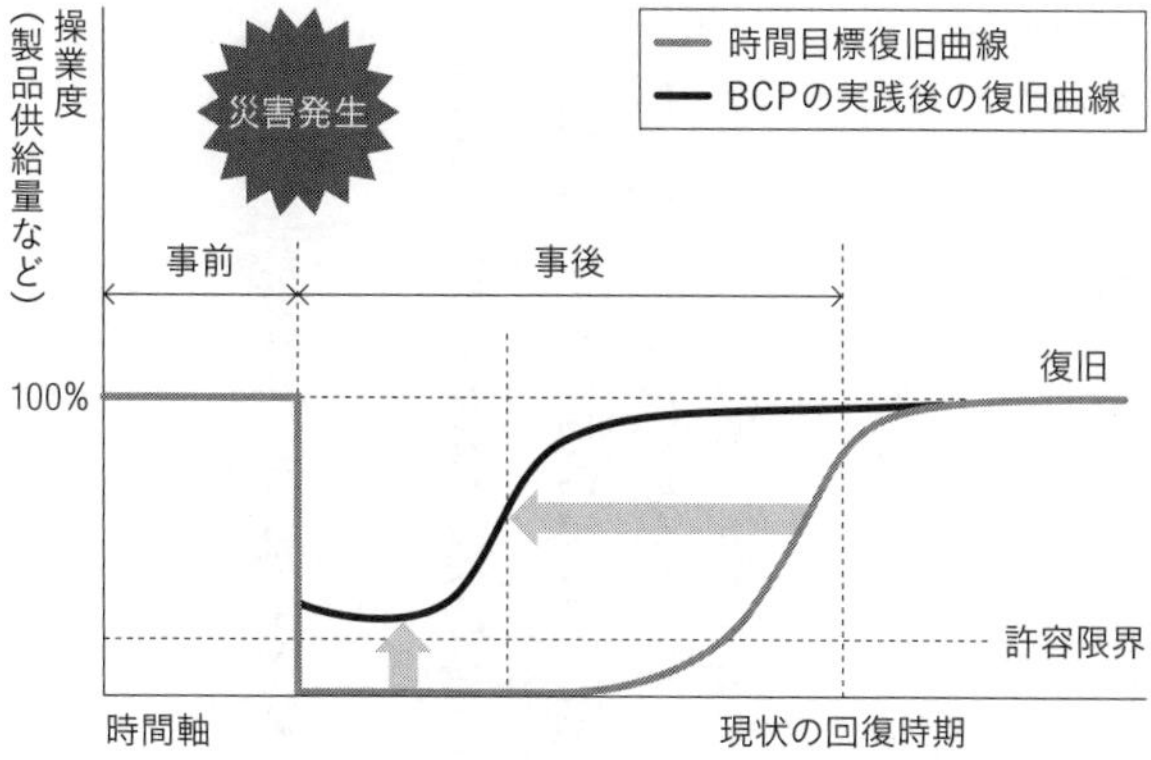

出所：内閣府HP

しかし、新型コロナによるパンデミックは新たな課題を浮き彫りにしました。ウイルスの影響で長期間出社できない際に在宅勤務（リモートワーク）を可能にするためのＩＴ基盤の整備、国内のみならず地球規模での代替生産地や納入業者の確保、そして事業継続のための資金手当ての充実など、コロナ前には想定していなかったリスクが一気に顕在化しました。

地球温暖化によりシベリアの永久凍土が溶け出し、新たな感染症が懸念されるなど、ウイルスによるリスクは間違いなく高まっています。パンデミックの発生を前提としたＢＣＰの在り方が問われているのです。

6 企業経営は「生きもの」

(1) さまざまな要素が複雑に絡み合う

持続的な優位性のある付加価値を創造する——これこそが企業経営の目的です。この目的のため、市場環境、競争環境を見据え、自社の強み、弱み、経営資源を把握し、さまざまなステークホルダーとの関係性を保ちながら、法令遵守の下、組織運営を行うことが企業活動と言えます。

こうした一連の企業活動を行うためには、さまざまな要素、変数を複合的にマネージしなければなりません。しかも、そうした一連の企業活動の要素は必ずしも独立した変数ではなく、何かを変えれば他の要素に影響を与えます。

また、企業を取り巻く環境は固定したものではなく、時々刻々と変化します。そうした変化に対応しながら、持続的な優位性を構築、維持しなければならないのです。

しかし、だからこそ「企業経営は面白い」と言えます。経営をよく「ゲーム」にたとえる人がいます。社会的責任を担っている企業をゲームにたとえるのは短絡的かもしれませんが、環境変化のなかで多様な要素をコントロールしながら、厳しい競争を勝ち抜く考え方そのものは確かにゲームと類似したものがあります。

複雑な有機体である企業経営を理解するためには、企業をさまざまな切り口で捉え、いろいろな断面を理解する必要がありますが、最終的にはそうした個々の要素を統合し、立体的に経営を理解しなければなりません。経営は「生きもの」であり、「環境の産物」でもあります。日々の変化のなかで、経営を構成する要素を統合的にマネージしていくことこそが経営者の仕事なのです。

(2) 企業経営の3つのポイント：合理性、実現性、納得性

それでは、経営者が企業経営を行っていくうえで留意しなければならないポイントは何でしょう。それは「合理性」「実現性」「納得性」という3つの言葉に集約されます。

合理性とは厳しい競争に勝ち抜くための最も合理的な戦い方を選択するということです。

どの分野なら持続的な優位性を構築できるのかを徹底的に考え抜き、理にかなったゲームプランを持たなければなりません。企業経営において夢や理想はなくてはならない要素ですが、その反面、経営はギャンブルではありません。現実を直視し、冷徹に競争環境を見つめ、身の丈にあった合理的な経営を心掛けることが重要です。

2つ目のポイントは実現性です。たとえ合理的なゲームプランを用意しても、それを実行し、結果を出すためには必要な経営資源を揃え、組織能力を磨く必要があります。経営はプランを実行してこそはじめて価値を生み出します。プランの実現に必要な要素を準備し、一方で実現の障害になる要素を除去していくことがマネジメントであると言えます。

3つ目のポイントは納得性です。企業活動は人間が行うものです。たとえやろうとしていることが合理的で、実現性が担保されていても、それを実行する人間が理解し、共感し、納得しなければ思うような成果は出ません。企業経営に携わるすべての人間が心をひとつにして、燃える集団になるからこそ大きな価値を生むことができるのです。

(3) 企業経営を構成する8つの要素＋デジタルテクノロジー

本書では、経営の基本的な知識を得るために、企業経営を8つのマネジメント要素に分けてそのエッセンスを体系的に説明していきます（図表1－4）。これら8つの要素を統合的にマネージすることによって、経営の合理性、実現性、納得性が担保されるのです。

本書で取り上げる8つの要素は次の通りです。

①**経営理念と企業の価値観**　企業活動の最上位に位置付けられる経営の基本思想であり、活動上の求心力となる考え方や思い。

②**戦略のマネジメント**　どのような持続的優位性を構築し、差別化された付加価値を生み出すのかを明示する企業活動の羅針盤となるシナリオ。

③**マーケティングのマネジメント**　独自の付加価値を顧客や市場に伝達、浸透させ、顧客の購買を誘引するための「売れるしくみ」づくり。

④**組織のマネジメント**　企業活動を効果的、効率的に行うための最適組織設計の考え方とグループ経営、コーポレート・ガバナンスのあり方。

⑤**人材のマネジメント**　企業経営における最重要資源である人材の効果的な育成・活用・処遇のしくみづくり。

⑥**資金のマネジメント**　企業活動の実態を正確かつ公正に公開する会計のしくみと企業経営の「血液」である資金を潤滑に循環させるメカニズム。

図表1-4
8つのマネジメント要素

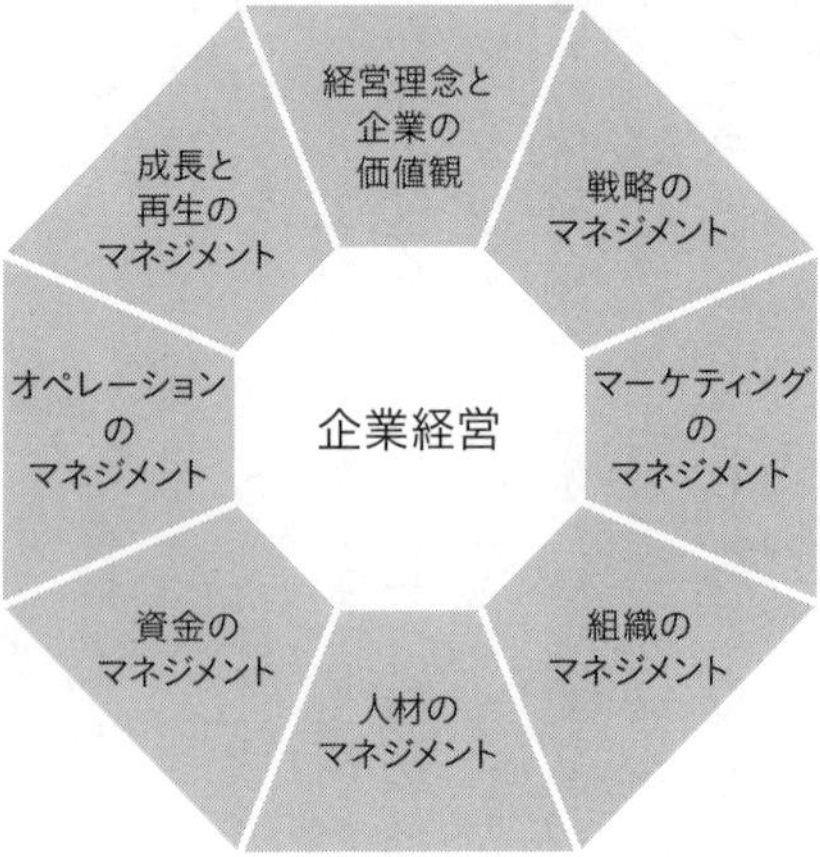

⑦**オペレーションのマネジメント**　戦略を実行し、成果を生み出す役割を担うオペレーションにおける組織能力の開発。

⑧**成長と再生のマネジメント**　持続的な成長と事業再生を実現する視点としくみ。

以上の8つは企業経営を構成する中核的要素と言えます。次章以降、これらの要素における基本的な考え方や理論を説明していきます。ひとつずつの要素を理解することはもちろん大切ですが、より重要なのは経営を「ひとつの大きなしくみ」として捉えることです。

企業経営はダイナミックな有機体です。

常に全体感を持ちながら、個々の構成要素を理解することが重要です。

これら8つの要素に加えて、私たちはデジタルテクノロジーが経営に与えるインパクトについて学ぶ必要があります。ここでいうデジタルテクノロジーとは、個別の技術を指すのではなく、近年急速に進展するさまざまなテクノロジーを総称して呼んでいます。

具体的には、ＡＩ（人工知能）、ＩｏＴ（モノのインターネット）、ビッグデータ、ドローンなどが含まれますが、こうした多様な技術が実用化段階に達し、これらの技術を融合させ、組み合わせることによって、企業のあり方や経営のしくみそのものを根っこから変えてしまうほど大きなインパクトをもたらしています。

デジタルテクノロジーは8つの要素すべてに革命的変化を与えています。そして、企業経営のこれまでの常識や固定観念、慣習、慣行などを変えようとしているのです。

「三現主義」という考え方

多くの日本企業が大切にしている「三現主義」という考え方があります。これは「現場」「現物」「現実」という「3つの現」を重視し、実践するというものです。

物事の本質を正しく捉えるためには、机にしがみついているのではなく、現場に足を運び、自分の目で実際のモノを確認し、状況を直視することが大事だとする考え方です。トヨタやホンダなどのモノづくり企業は、「三現主義」を実践することにより、品質やサービスを磨き、高い競争力を磨いてきました。JR東日本では、「現地」「現物」「現人」という独自の「三現主義」で安全文化の創造に取り組んでいます。

昨今、ICT（情報通信技術）の進展により、わざわざ現場に赴かなくても情報は入手でき、やりとりもできるようになってきました。もちろん効率性という意味では効果はありますが、その一方で行動が疎かになり、現場の臨場感を肌で感じることができないという問題点もあります。

新型コロナウイルス感染拡大の影響により、移動自粛を余儀なくされ、私たちの働き方は大きく変わろうとしています。これまでのように気軽に「三現主義」を実践するのは難しくなりつつあります。

しかし、コロナの影響があるからといって、「三現主義」の価値そのものが否定されるわけではありません。もちろん、オンラインやリモートで対応できる業務は徹底的にデジタルを活用し、効率化を進める必要があります。

その一方で、リアルな現場に身を置き、五感をフルに活かしながら、進めなければならない泥臭い仕事もあります。どんなにデジタルテクノロジーが進展しようとも、デジタルでは代替できない、もしくは代替してはいけない仕事は必ず存在します。

デジタル化が進めば進むほど、そうしたアナログ的な仕事の進め方が大事になり、そこから新しい価値が創造されるとも言えます。

映画『踊る大捜査線　THE　MOVIE』で主人公の青島刑事は「事件は会議室で起きてるんじゃない。現場で起きてるんだ！」と叫びました。企業経営においても、価値を生み出し、問題が存在するのは現場です。現場に身を置き、自分の眼で見て、自分の耳で聞き、自分の肌で感じる「三現主義」という基本を忘れてはいけません。

第2章

強烈な経営理念が組織を動かす

ミニケーススタディ❶
マザーハウスの「思い」

マザーハウスは2006年に山口絵理子氏が立ち上げた会社です。バングラデシュやネパール、インドネシア、スリランカ、インドなどの発展途上国で生産したバッグやジュエリー、衣料品を日本やアジアを中心に販売しています。

政情不安、インフラ未整備、人材育成遅れなど数多くのハンディキャップを抱える発展途上国で、先進国の消費者が望むような質の高い商品を生産するのは容易なことではありません。しかし、マザーハウスは2020年9月時点で国内32店舗、台湾6店舗、香港2店舗、シンガポール1店舗にまで拡大し、順調に売上を伸ばしています。フランス・パリにもショールームをかまえ、欧米への展開も視野に入れています。

幾多の困難がありながらも、マザーハウスがそれを乗り越え、成長している理由は何でしょうか？

それはこの会社の強固な「思い」にあります。マザーハウスが掲げているミッションは、「途上国から世界に通用するブランドをつくる」。途上国を単なる低コスト生産地として見るのではなく、目の肥えた先進国の消費者が「欲しい」と思わせる商品を生み出しうる素晴らしい資源と可能性を秘めたところだと位置付けているのです。

その起点は、大学時代の山口氏の体験にありました。米国・ワシントンの国際援助機関でインターンとして働いていた山口氏は、自分の昇進のことしか考えず、現地に足を運ぶこともしない職員たちを見て失望しました。

そして、自ら世界の最貧国であるバングラデシュに身を投じ、人々が自立するための経済活動を実現することが何より大事だと実感したのです。マザーハウスは彼女のそうした「思い」を実現するために誕生しました。

しかし、現実はそれほど簡単なものではありません。多発する品質問題、現地スタッフとの軋轢《あつれき》、提携工場とのトラブルなど、次々と困難な壁や障害に直面しました。

彼女はそうした困難に果敢に挑み、ひとつずつ乗り越えてきました。強烈な「思い」があるからこそ、何度挫折しても、そこから立ち上がることができたのです。山口氏の「思い」からスタートしたマザーハウスは、総勢500名を超える陣容へと成長しています。

0から1を生み出すのは人間の「思い」です。すべてのビジネスは、強烈な個の「主観」から始まるのです。

1 企業の根本をなす理念と目指すべきビジョン

(1) 変わり続ける企業と、変えてはいけない「理念」

企業経営は常に変化を求められます。いくら優れた商品やサービスを生み出しても、やがて陳腐化し、競争相手はさらによい商品やサービスを生み出してきます。たとえある時点で競争に勝ったとしても、それが続く保証はどこにもないのです。

企業を取り巻く環境は絶えず変化しています。その変化に対応し、ときには先取りすることができなければ、企業は存続することができません。

しかしその一方で、企業活動には「変わってはいけない」、すなわち「常」でなければならない側面も存在します。どのような環境になろうとも、揺らいではいけない企業の「芯棒」こそが経営理念です。

経営理念とは、「この企業はなぜ存在するのか」という基本的な考え方、企業活動の拠りどころを明文化したものであり、企業経営の最上位にくる概念として位置付けられています。企業の〈WHY〉を明らかにするのが経営理念であり、「信念」(Belief) もしくは「使命」(Mission) も同様の意味を持っています。

多くの企業には、創業の精神や創業者の思いが存在します。創業時の熱い思い、使命感を受け継ぎ、伝承していくことは、企業としての一体感を醸成していくためにもきわめて重要です。変化が求められるからこそ、「変わってはいけないもの」を常に確認する必要があるのです。

本田宗一郎が定めた社是は「わが社は、世界的視野に立ち、顧客の要請に応えて、性能の優れた廉価な製品を生産する」でした。この言葉がグローバル展開をリードする「世界のホンダ」を創り上げたと言えます。[*1]

パナソニックの前身である松下電器産業では、創業者・松下幸之助が昭和7年(1932年)に「産業人の使命」をミッションとして掲げ、廉価で品質のよい製品を水道水のように提供するという「水道哲学」を打ち出しました。同社ではこの年を、使命を知ったとい

*1 ホンダは1992年および1998年に社是の表現を変更しています。現在は以下のとおりです。「わたしたちは、地球的視野に立ち、世界中の顧客の満足のために、質の高い商品を適正な価格で供給することに全力を尽くす。」

う意味で「創業命知第一年」と呼んでいます。

同氏は「経営理念を制定した結果、経営に魂が入ったような状態となり、以来、驚くほど事業が発展した」と回顧しています。企業は変化しなければならないからこそ、根本となる普遍の考え方が必要なのです。

(2) ビジョンが大きな成果を生む

経営理念は企業経営を根っこで支える精神的支柱と言えます。しかし、日常的な企業活動においては、より具体的な組織目標が必要となります。

経営理念が抽象的、普遍的な考え方を示すのに対して、「ビジョン」はより具体的な「あるべき姿」「到達したい将来像」を示すものです。ビジョンは経営理念を具現化する形で、「こうなっていたい」という将来展望、目指すべき中期的な姿・ゴールを示したものと言えます。

トヨタは2000年に「2010グローバルビジョン」を打ち出しました。そのなかで、世界市場におけるマーケットシェア15%獲得を目指すという「グローバル15」を具体的な目標として設定しました。このビジョン実現のために、トヨタはダイナミックな海外展開により一層大きく舵を切り、世界一の自動車メーカーとなりました。

ビジョンを示すことによって、企業活動はひとつの方向性に収斂し、より大きな成果を生み出すことが可能になるのです。

2 価値観が企業の「人格」をつくる

(1) 組織の価値観を明らかにする

経営理念やビジョンは、企業がその企業であるための存在理由を明確にすることによって、企業に独自の「人格」をもたらします。しかし、企業が真の「人格」を形成し、日常的な組織運営においてその独自性を発揮するためには、経営理念やビジョンを明確にするだけでは不十分です。

企業は「人間の集合体」でもあります。そこで働く人たちが「どのような考え方を持って毎日の仕事を行うのか」という経営のソフト的な側面に着目しなければなりません。

人々が何に価値をおいて日々の仕事を行うのか。何を大切にし、何は相対的に大切ではないのかといったそれぞれの企業の独自の「価値観」を明示する必要があります。この価値観こそが、それぞれの企業の組織風土や組織文化を形成するベースとなるのです。

優れた企業にはシンプルですが、パワフルな独自の価値観、考え方が存在します。トヨタにおける「改善」、セブン‐イレブンにおける「仮説と検証」、デンソーにおける「総智総力」などは単なる方法論や手法ではなく、毎日の企業活動において大切にし、実践しなければならない行動規範を示していると言えます。

(2) DNAを受け継ぐことが大切

独自の価値観は長い期間、伝承されることによって企業固有のDNA（遺伝子）となり、優位性の大きな源泉になります。

花王では〝よきモノづくり〟を支える中核理念として「花王ウェイ」を制定しています。これは花王グループの企業活動の拠りどころとなるものであり、一人ひとりにとっての行動指針でもあります。

「花王ウェイ」は「使命」「ビジョン」「基本となる価値観」「行動原則」で構成されてい

ます。「基本となる価値観」では「よきモノづくり」「絶えざる革新」「正道を歩む」の3点が掲げられ、シーズとニーズの融合や健全な危機意識など「花王らしさ」とは何かがわかりやすく表現されています。

トヨタ自動車は創業以来の独自の価値観を「トヨタウェイ」としてまとめ上げ、国内のみならず海外でも展開、伝承させようとしています。トヨタの競争力の柱である「改善文化」は、この「トヨタウェイ」によって担保されており、時間が経っても風化することがないのです。

トヨタ自動車では「命のＤＮＡは放っておいても継承されるが、企業のＤＮＡは継承する努力を怠ると消失してしまう」と認識されています。独自のＤＮＡを生み出し、それを地道に継承することが、それぞれの企業のユニークな風土を創り出し、競争力へと高まっていくのです。

3 「パーパス」（企業の存在意義）を問い直す

(1)「社会における〝存在意義〟」を見つめ直す

企業を取り巻く環境が激変し、サステナビリティ経営の重要性が高まるなかで、企業やそこで働く一人ひとりが「社会における〝存在意義〟」（パーパス）を見つめ直し、再定義しようとする動きが現れています。

例えば、ネスレは創業150周年にあたる2016年に、「生活の質を高め、さらに健康な未来づくりに貢献します」という「パーパス」を初めて明文化しました。これは創業以来ネスレという会社がなぜ存在しているのか、これからもなぜ存在し続けるのかを表したものです。創業150周年という節目のタイミングで、これからの150年、200年の将来を見据え、自分たちの「存在意義」を問い直し、明確にしたのです。

世界の上場企業の統合レポーティングに大きな影響力を持つＩＩＲＣ（国際統合報告委員会：International Integrated Reporting Council）は、2018年に「purpose beyond profit（利益を超えたパーパス）」というレポートを出し、大きな注目を集めました。

これまでの成長、利益一辺倒の経営ではなく、それぞれの企業が社会において「何のために存在するのか」という根本的な問いかけをすることが求められています。

そして、それは企業だけにとどまらず、社員一人ひとりへの投げかけでもあります。組織の「パーパス」と個人の「パーパス」の両方を融合させることができれば、企業はより大きな力を発揮することが可能になるのです。

(2)「パーパス」は企業の「原点」を表す

企業の〝存在意義〟というと、ビジョンやミッション、企業理念といった「パーパス」と類似するものがいくつもありますが、「パーパス」はそれらとは3つの点で異なります。

ひとつ目は、ビジョンやミッションが企業の未来像に向けた「方向性」（ベクトル）を示すのに対し、「パーパス」はその企業が存在する「原点」を示しています。なぜその企業が生まれ、存在するのかという根源的かつ普遍的な存在理由を明確にするのが「パーパス」です。

2つ目は、ビジョンやミッションは「こうありたい」という一人称的な視点が強く打ち出されますが、「パーパス」は「社会やコミュニティのなかでこうありたい」という第三者的な視点が強調されています。企業は社会のなかの存在であり、社会に活かされる立場であることがより強く意識されているのです。

3つ目の違いは、ビジョンやミッションが株主や顧客など外部のステークホルダーに対するメッセージ性が強いのに対し、「パーパス」はより社内を意識したメッセージだという点です。社員一人ひとりが会社の〝存在意義〟を自覚し、日々の仕事において実践してもらいたいというインナーブランディングの色彩が強いと言えます。

地球温暖化や自然災害の多発、パンデミックの発生、貧困や格差の拡大など、企業を取り巻く環境は激変しています。そうしたなかで、企業は何のために存在するのかという根源的な理由に対して自覚的であることがこれまで以上に求められているのです。

4 「バックキャスティング」の経営

(1)「VUCA」という経営環境のなかで生き残る

企業を取り巻く環境はめまぐるしく変化し、先が読めない不透明な環境のなかで経営の舵取りをしていかなければなりません。経済面だけでなく、政治的、社会的な要素、天候不順など自然の脅威などが複雑に絡み合い、きわめて不安定、不透明な時代を私たちは生きています。

その典型例が、新型コロナウイルスによるパンデミック（感染爆発）です。中国に端を発する未知のウイルスが瞬く間に世界に広がり、経済活動や社会活動を一気に停滞させ、1930年代の大恐慌を超えるような甚大な被害をもたらしています。

こうした先が読めない不透明な経営環境は「VUCA」と呼ばれています。「VUCA」とは次の4つの言葉の頭文字からとった略語です。

● **Volatility**（不安定性）

●Uncertainty（不確実性）
●Complexity（複雑性）
●Ambiguity（曖昧模糊）

経営環境が安定し、ある程度先が読める時であれば、経営の舵取りは比較的容易です。しかし、いつ何が起きるかわからない、不透明な環境においては、より高度なマネジメントが求められます。

複数のシナリオをあらかじめ用意しておき、どのような状況になってもスピーディーかつ柔軟に対応できる会社のみが生き残っていくのです。

(2) 未来から現在を「逆照射」する

こうした不透明な時代において、求められているのが、「バックキャスティング」という考え方です。「バックキャスティング」とは未来の「あるべき姿」「ありたい姿」を想定し、「それを実現するために今何をすべきか」を考えるという発想法です。つまり、「未来を起点」とし、未来から現在を「逆照射」し、今やるべきことを考えることを意味しています（図表2－1）。

図表2-1
バックキャスティングの経営

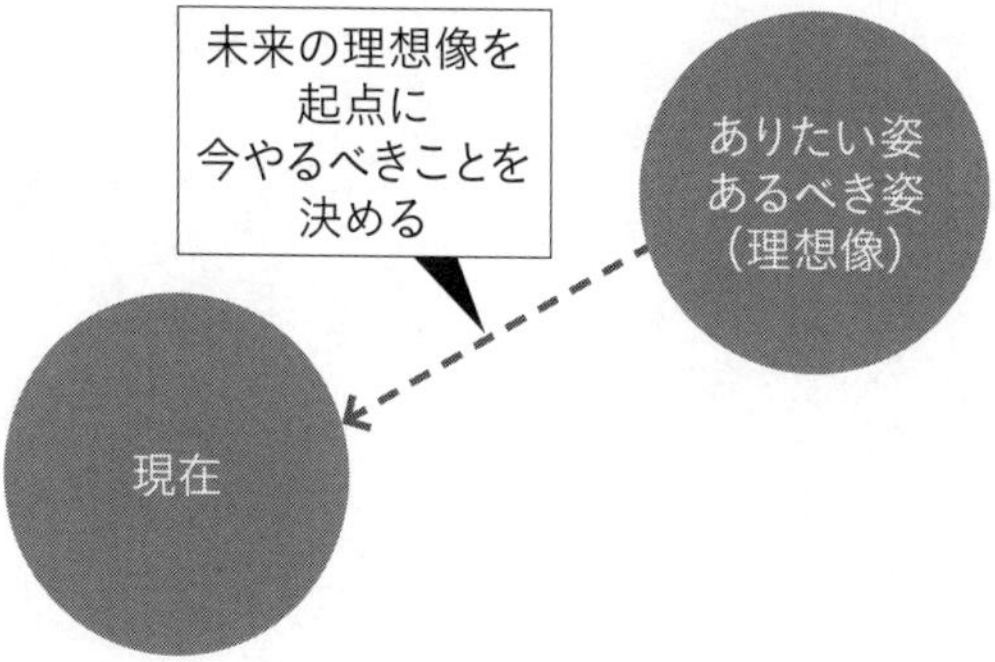

「先が読めないのに、未来から考えるなんて無茶だ」と思う人もいるかもしれません。しかし、先が読めないからこそ、「10年後にどういう姿にしたいのか」をイメージし、未来の「理想の姿」を掲げることが大切なのです。

環境変化に振り回されるだけでは、生き延びることはできるかもしれませんが、どこにも到達できません。先が読めない時代だからこそ、「あるべき姿」「ありたい姿」という共通の目標、ゴールを示すことが大切なのです。

例えば、トヨタ自動車は「ＭａａＳ」(Mobility as a Service）の会社に生まれ変わるという未来の目標を掲げています。これまでの「自動車をつくり、販売する会社」から、「さまざまな移動サービスを提供する会社」に変身するというゴールを設定し、それを実現するためにソフトバンクやグーグルなどとの協業を進めるなど、過去の延長線上にはないダイナミックな取り組みを加速させています。

同様に、ＳＯＭＰＯホールディングスは「安心・安全・健康のテーマパーク」というビジョンを掲げ、これまでの保険ビジネスの枠にとどまらない不連続の挑戦を行っています。介護事業への参入、ビッグデータを活用したソリューション事業の取り組みなど、「保険の枠組みを超えたトータルサポート」を提供する会社へ変身しようとしています。

しかし、この「バックキャスティング」という発想法は、実は、日本人はあまり得意ではありません。「現在を起点」にいまできることをコツコツと積み上げていくという「Present-push」（現在から積み上げる）という帰納法的なアプローチを日本人は好む傾向にあります。

もちろん、「現在を起点」にすることが決して悪いわけではありません。むしろ、日本人ならではの強みとも言えます。

しかし、「ＶＵＣＡ」の時代においては、「現在を起点」にするだけでは、ダイナミックで大胆な変革は起こし得ません。混迷する時代だからこそ、「Future-pull」（未来から引っ張る）という演繹的なアプローチを身につけ、会社を劇的に変える必要があるのです。

中国で根を張るＭＵＪＩ

『無印良品』を展開する良品計画は海外展開に力を入れています。２０１９年２月期においての店舗数は、国内４５８店舗に対し、海外は５１７店舗と、海外が国内を上回りました。海外では「ＭＵＪＩ」のブランドで親しまれています。

なかでも、巨大市場である中国での店舗数は２５６まで伸長しました。北京や上海といった有名な大都市だけでなく、地方都市においても拡大し、同社の成長エンジンとなっています。

１９９５年に１号店を上海にオープンした時には、ＭＵＪＩはまったくの無名でした。出店場所を確保するのも容易ではありませんでした。それが今では著名なショッピングセンターの方から出店要請が舞い込むようになっています。

中国の大手ショッピングセンターの幹部の間では、「海外の４つのブランドを入れないとショッピングセンターの集客は難しい。それはＺＡＲＡ、Ｈ＆Ｍ、ユニクロ、そしてＭＵＪＩだ」とささやかれるほどになりました。近い将来、中国での店舗数が日本国内を上回るのは間違いないでしょう。

日本企業のこれまでの海外進出は、製造業が中心でした。しかし、これからは独自商品にこだわり、高い品質やサービスを提供する日本の小売業にも大きなチャンスがあります。世界に通用するユニバーサルな思想を持つＭＵＪＩは、そのお手本と言えるでしょう。

第3章

どこで、どのように戦うかを定める

――戦略のマネジメント

ミニケーススタディ❷

「選択と集中」で復活を果たした日立

長らく低迷に苦しんでいた日立製作所の業績が回復しています。日立は言うまでもなく日本最大の総合電機メーカー。本業のＩＴ（情報技術）事業だけでなく、多様な事業を抱えています。

高い技術力を誇る日立ですが、グローバル競争が熾烈になるなか、収益低迷にあえいでいました。２００７年３月期以降、４期連続で巨額の最終赤字（純損失）を計上。２００９年３月期には日本の製造業として過去最大の７８７３億円もの赤字を計上してしまいました。韓国勢などが台頭するなか、「沈む巨艦」とまで揶揄《やゆ》される状況でした。

そのひとつの理由が、本業とのシナジー効果が薄い事業群を抱える非効率な経営でした。日立は２００９年時点で22社の上場子会社を抱え、その多くは本業とのシナジーは限定的でした。

日立の経営陣は思い切った「選択と集中」に着手し、グループ再編に動きました。経営の柱を「社会イノベーション事業」と位置付け、それに合致した事業のみを選択して強化する、取捨選択を断行したのです。

液晶やテレビ生産など数多くの事業からの撤退を決断しました。2012年にはハードディスク駆動装置事業も手放しました。この事業は当時かなりの利益を上げていたのですが、「社会イノベーション事業」とのシナジーが薄いと判断し、米国企業への売却を決断したのです。

それまでの日立は多くの事業を漫然と抱え込み、よほどの赤字にならない限り、撤退や売却などはしませんでした。黒字事業であったハードディスク駆動装置事業を手放すことは、以前では考えられないことでした。

2020年4月には、「御三家」の一角だった日立化成を昭和電工に売却しました。同様に「御三家」である日立建機、日立金属の売却も検討しています。

一方、注力分野には思い切った投資を行っています。2020年1月にはヘルスケア事業を強化するために、計測・分析機大手の子会社、日立ハイテクノロジーズにTOB（株式公開買い付け）を実施し、完全子会社化すると発表しました。

日立は社会イノベーション事業の展開を加速するために、組織のあり方も大きく変えました。2016年4月に従来の製品別カンパニー制を改め、顧客との協創を加速するフロント機能を強化したマーケット別の事業体制に移行したのです。

顧客の価値にフォーカスし、「モノ」売りから「コト」売りに転換するために、顧客に近いところでまとめてサービスを開発し、提供する体制へと転換しました。

こうした大胆かつ理詰めの戦略シフトによって、日立は息を吹き返しました。2018年度の売上高は約9兆5000億円、営業利益は7500億円と増収増益を達成しました。

かつて11兆円を超えていた売上高は減少しましたが、「利益を生まない巨艦」は「選択と集中」によって、利益を生む健全な体質の会社へと生まれ変わったのです。

1 「あれもこれも」では戦えない

(1) もともとは軍事用語

戦略とは、もともとは軍事用語であり、「大局的観点から敵を打ち破るための方策」という意味を持っています。

企業活動においても、求心力としての経営理念やビジョンは重要ですが、それらだけでは具体的な優位性の構築には結びつきません。組織の大目標としての経営理念やビジョンを受ける形で、より具体的に「どのような付加価値、優位性を構築するのかのシナリオ」を明確にする必要があります。

経営理念がそれぞれの企業の〈ＷＨＹ〉を明示するのに対して、戦略はより具体的に〈ＷＨＡＴ〉を明らかにするものと言うことができます。

(2)「捨てるもの」を明確にする

戦略の要諦は「選択と集中」です。経営者の仕事は経営資源の傾斜配分を行うことであると説明しましたが、それを実行する際には事業や商品（サービス）、地域などを絞り込み、経営資源を選択した領域に集中させなければなりません。

経営資源は有限です。いくら成長性の高い魅力的な市場が多数あっても、あれもこれもと手を出していたのでは独自の優位性を構築し、競争に打ち勝つことはできません。戦略とは「選択するもの」を明らかにすると同時に、「捨てるもの」「自分たちが手を出さないもの」を明らかにすることでもあるのです。

多くの日本企業が「選択と集中」の実践により、事業の再編を進めています。しかし、明らかに収益性が乏しい事業などの整理は進んでいますが、当面収益が上がっているような事業などは思い切った撤退・売却などに逡巡する傾向がまだあります。

武田薬品工業は２０２０年８月、「アリナミン」などを手がけるＯＴＣ（一般用医薬品）子会社の武田コンシューマーヘルスケアを米国の投資ファンド・ブラックストーンに売却すると発表しました。医療用医薬品に注力する武田薬品にとって、収益性の低いＯＴＣは

図表3-1
戦略の階層

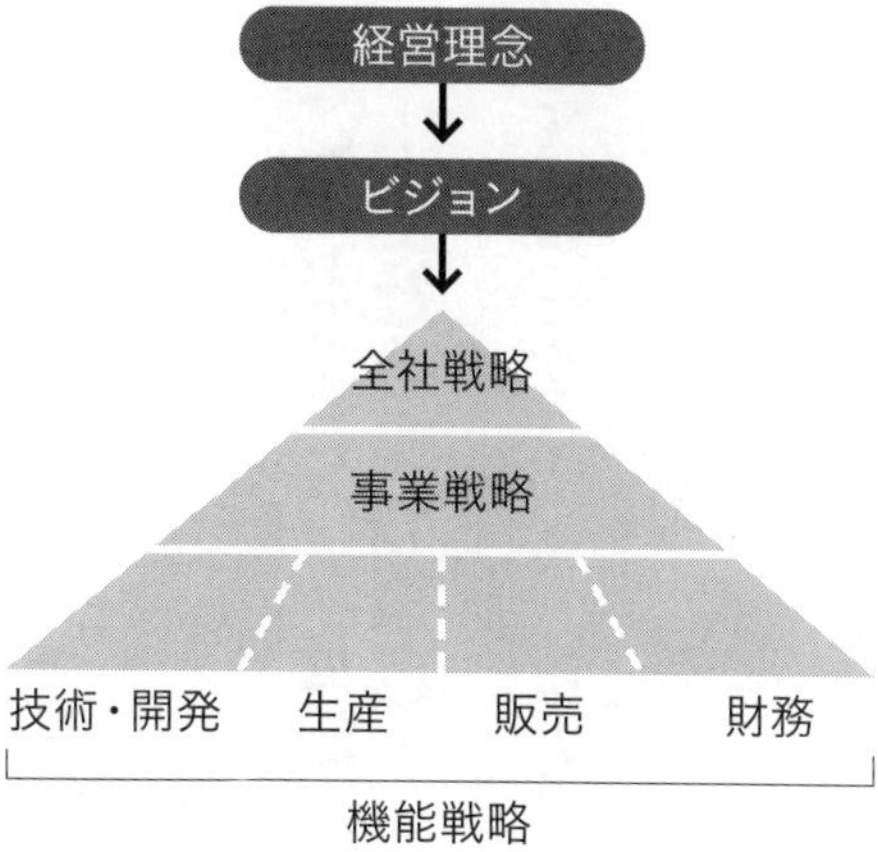

ノンコア事業であり、撤退を決断したのです。

「選択と集中」は大胆にやってこそ意味があります。「あれもこれも」ではなく、「これに集中する」を明らかにすることこそが戦略の意義と言えます。

(3) 戦略の3つの階層

戦略は大きく3つの階層に分けて考えることができます（図表3－1）。

企業全体としてどのような方向性で経営していくのかを指し示す全社戦略、個々の事業単位でどのように優位性を構築するのかを明らかにする事業戦略、そして機能の観点から戦い方を明示する機能戦略です。

それぞれの戦略によって優位性を構築する視点や検討方法は異なりますが、重要なのはそれぞれがバラバラではなく、お互いに整合性のとれた一貫したものでなければいけない点です。

2 どこでどう戦うかを決定する――全社戦略の策定

(1)「戦場」を明確にする：事業ドメインの設定

「事業ドメイン」とは、自社が事業を行う領域を指します。別の言い方をするなら、自分たちが戦う「戦場」（バトル・フィールド）を明らかにすることです。

限られた経営資源を効果的かつ効率的に使い、優位性を構築するためには、あれもこれもと手を広げることはできません。どの戦場であれば、自分たちは競争相手を打ち破ることができるのか、さらにはどの戦場には出て行かないのかを明らかにすることでもあります。

自分たちの戦場を明確にするうえで必要なのは、自社の「コア・コンピタンス」、すなわち中核となる強み、得意技を明確にすることです。他社が追随できないような独自の技術力や、商品開発、モノづくり、販売・マーケティングなどにおける圧倒的な組織能力などがコア・コンピタンスとなります。

注意しなければならないのは、今行っている事業の周辺にある一見似たような事業であっても、往々にして求められるコア・コンピタンスは異なる点です。たとえ使っている要素技術が同じでも、製品開発のノウハウや販売チャネルが異なれば、簡単に成功するという保証はありません。

例えば、かつて日本の大手電機メーカーはこぞって半導体事業に参入しました。培ってきた技術力をもってすれば製品開発は可能ですが、需要変動の激しい半導体市場において設備投資などの意思決定を迅速に行うことや大手顧客へ食い込む販売力などに問題があり、海外メーカーほどのプレゼンスを確立できず、撤退や再編を余儀なくされました。

技術的な側面だけでなく、どの事業ドメインなら自社が持続的な優位性を構築し、成長することができるのかを多面的に検討する必要があるのです。

(2) プロダクト・ポートフォリオ・マネジメント（PPM）

複数の事業を営んでいる企業では、限られた経営資源を最適に配分する必要があります。その技法としてよく使われるのが、ボストン・コンサルティング・グループ（BCG）が考案したプロダクト・ポートフォリオ・マネジメント（PPM）です（図表3－2）。これは「事業の魅力度」と「競争上の優位性」をそれぞれの事業ごとに評価して、キャッシュを生み出す事業と投資が必要な事業を区分したうえで、全社戦略を明らかにしようとする考え方です。

図表3-2
BCGのPPM

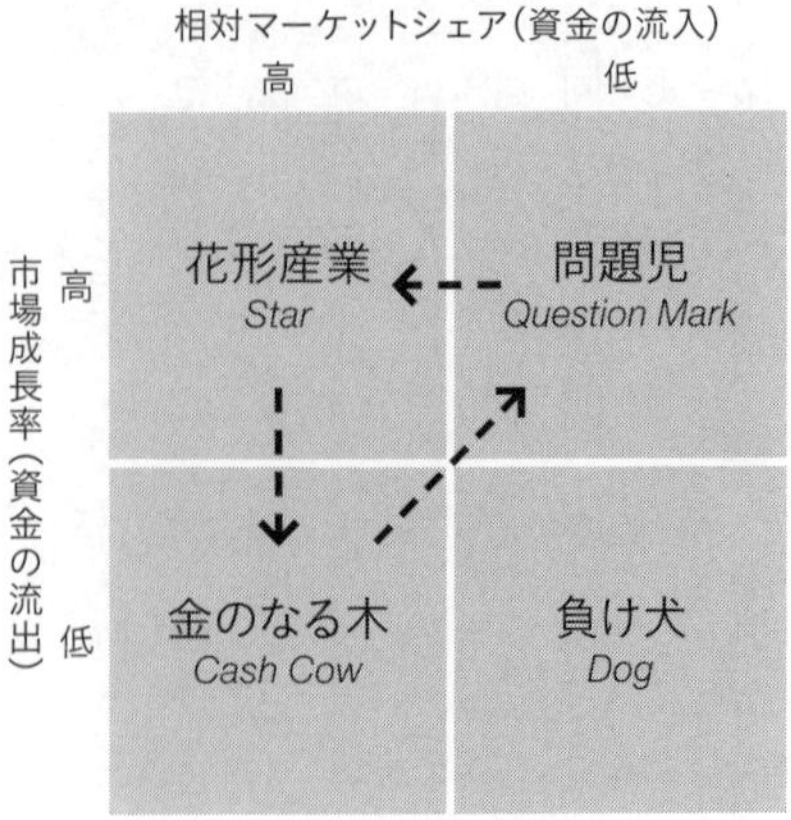

「金のなる木」（Cash Cow）は相対的シェアが高いため、資金の流入が大きく、一方で市場成長率は低いので、資金流出は少なくてすみます。したがって、この

セグメントの事業からは潤沢なキャッシュが期待できます。

「花形事業」（Star）は相対的シェアが高いので、資金流入は大きいのですが、市場成長率も高いため、資金流出も大きくなります。あまり大きなキャッシュの創出は期待できませんが、将来の「金のなる木」に育てる必要があります。

「問題児」（Question Mark）は相対的シェアが低いため、資金流入は小さいですが、市場成長率が高いので資金流出は大きくなります。成長性に期待はできますが、金食い虫でもあるので、一気に投資をしてシェアを獲得するか、思い切って撤退するかの判断が求められます。

「負け犬」（Dog）は相対的シェアも市場成長率も低いので、事業として成功する見込みが低いと判断するべきセグメントです。

ＰＰＭにおいては、「金のなる木」から得たキャッシュを「問題児」に投入し、その「問題児」を「花形事業」に育て上げ、将来的に新たな「金のなる木」を育成するというステップが理想となります。

3　ゲームの構造を正しくつかむ――事業戦略の策定

(1)「ゲームのルール」を理解する：事業特性の把握

個々の事業において、どのように優位性を構築し、差別化された付加価値を創出するのかのシナリオが事業戦略です。

事業戦略を策定するためには、まずそれぞれの事業が持つ「特性」をきちんと理解することが重要です。わかりやすく言うと、それぞれの事業の「ゲームのルール」を把握することです。「ゲームのルール」を理解しないで、ゲームの勝者になることは困難です。

事業特性を理解するうえで効果的なのは、アドバンテージ・マトリクス（図表3－3）、事業ライフサイクル（図表3－4）という2つのコンセプトです。

①アドバンテージ・マトリクス

このコンセプトはＢＣＧによって考案されたフレームワークです。事業の競争要因（戦略変数）の数と優位性構築の可能性という2つの軸をもとに、事業を4つのタイプに分類しています。それぞれのタイプによって事業の経済性は異なり、優位性構築のポイントも異なります。

●**特化型事業**　優位性を構築する競争要因が複数存在し、事業規模に関係なく特定の分野でユニークな地位を築くことによって勝ち組となることが可能です。医薬品業界が典型例で、ある分野に特化した独自の新薬開発でユニークなポジションを占めている企業が多数存在します。

●**規模型事業**　事業の規模が優位性を構築する最大のポイントとなる事業です。シェア拡大により規模を追求することが、このタイプの事業の基本戦略となります。鉄鋼、化学などの巨大な

図表3-3
アドバンテージ・マトリクス

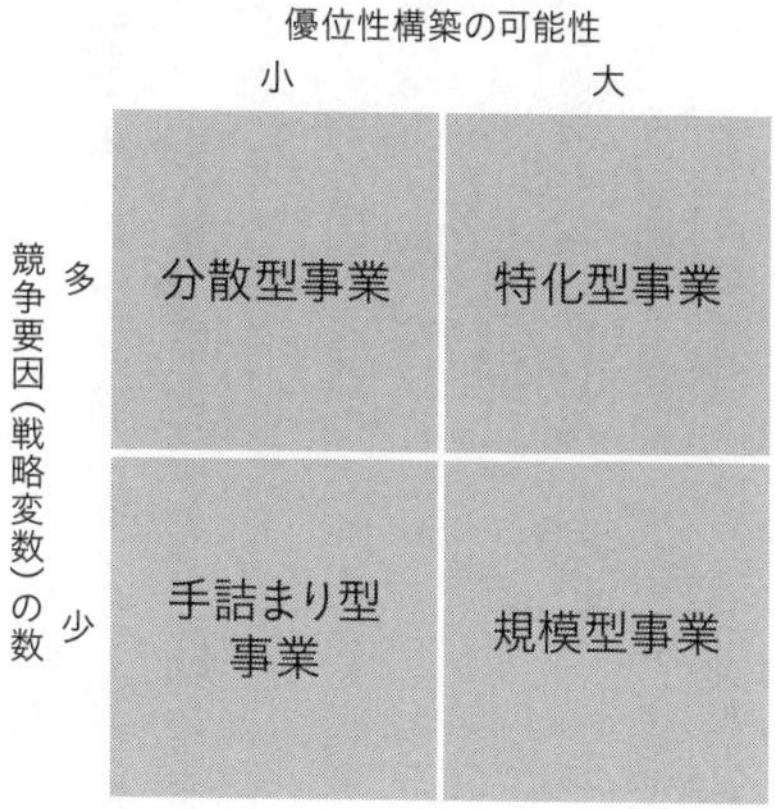

装置型産業がその典型例として挙げられます。

●**分散型事業**　競争要因が数多く存在しますが、圧倒的な優位性構築にまで至らない事業です。例えば、個人経営の飲食店は独自の味、店の雰囲気、立地、サービスなど差別化を考えうる要素は多数考えられますが、どれも他のお店を圧倒するまでにはなかなか至りません。こうした業界が真の優位性を構築するためには、規模型事業への転換を図らなければなりません。デニーズなどのファミリーレストランチェーンは原材料の仕入れ、店舗開発、セントラルキッチンの導入などによって、分散型事業であった飲食業界を規模型に変えた例と言えます。

●**手詰まり型事業**　成熟期・衰退期にある事業のなかには、優位性構築が困難な事業が存在します。事業規模も優位性の源泉にならず、ユニークな付加価値の創出も困難な事業です。業界自体が縮小し、どの企業も低収益にあえぎ、撤退を考慮する必要も出てきます。

②事業ライフサイクル

事業には「寿命」があります。どのステージにいる事業なのかによって「ゲームのルー

図表3-4
事業ライフサイクル

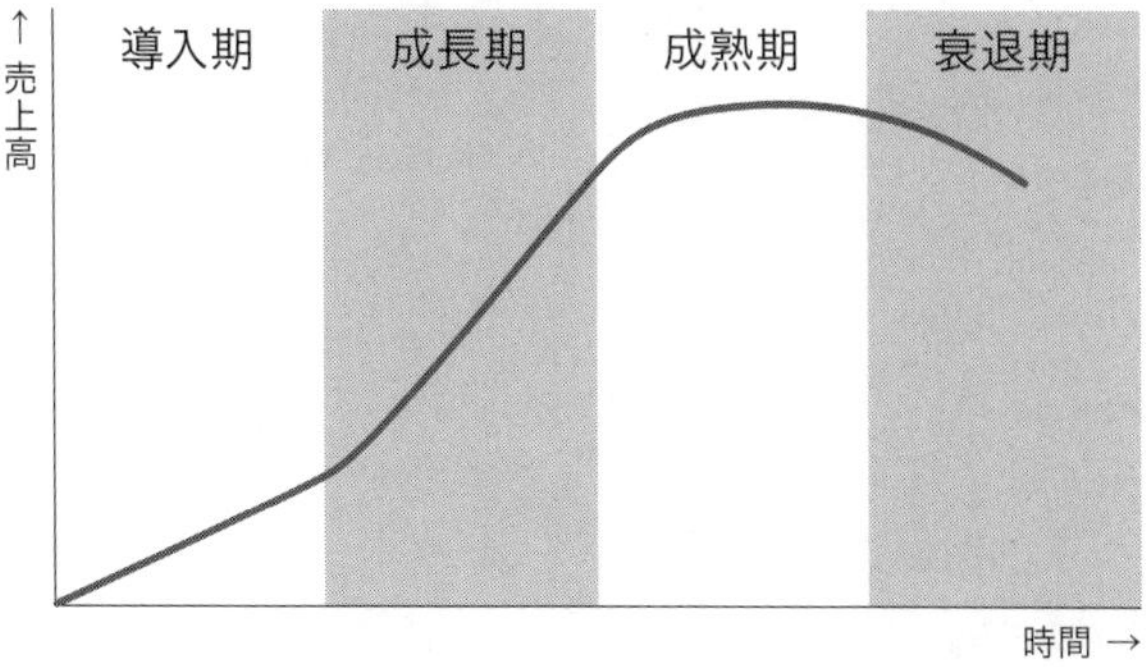

ル」は変わり、その特性は変わってきます。

事業のライフサイクルは、導入期、成長期、成熟期、衰退期の4つのステージに分けられます。ただし、事業によってライフサイクル自体の長さには大きな差があります。エレクトロニクス分野のように技術革新が頻繁に起きる事業ではその寿命は短く、一方自動車などは比較的長い寿命を有しています。

導入期は事業の黎明期であり、ユニークなアイデア、新しい技術を持った企業が市場を切り開いていきます。しかし、成長期においては、豊富な経営資源を持った企業が市場を育て、絶対的なポジションを確立していきます。成熟期から衰退期にかけては競争が激化して収益性が低下していきます。そして最終的な淘汰が始まり、優位性を失った企業は撤退していきます。

競争要因は、事業のライフサイクルのステージによって変化します。そのため、あるステージで優位性を構築したからといって、同じ企業が次のステージでも同様に勝ち組となれるかどうかはわかりません。

パーソナル・コンピューター（PC）事業において、市場を開拓したのはユニークな技術力を持ったアップルでした。その後大手のIBMやNECなどの日本企業が次々に参入し、市場規模を拡大させていきました。やがて、市場は成熟期を迎え、競争は熾烈になり、IBMは中国の聯想集団（レノボグループ）への事業売却を決断しました。

(2) 利益のしくみを理解する：経済性分析

事業特性を把握するには、それぞれの事業の持つ経済性を正しく認識する必要があります。これは事業をコスト面から把握し、どのようなコスト構造を持っているのか、どのような工夫をすればコストダウンは実現するのかを理解するための分析手法です。

図表3-5
規模の経済

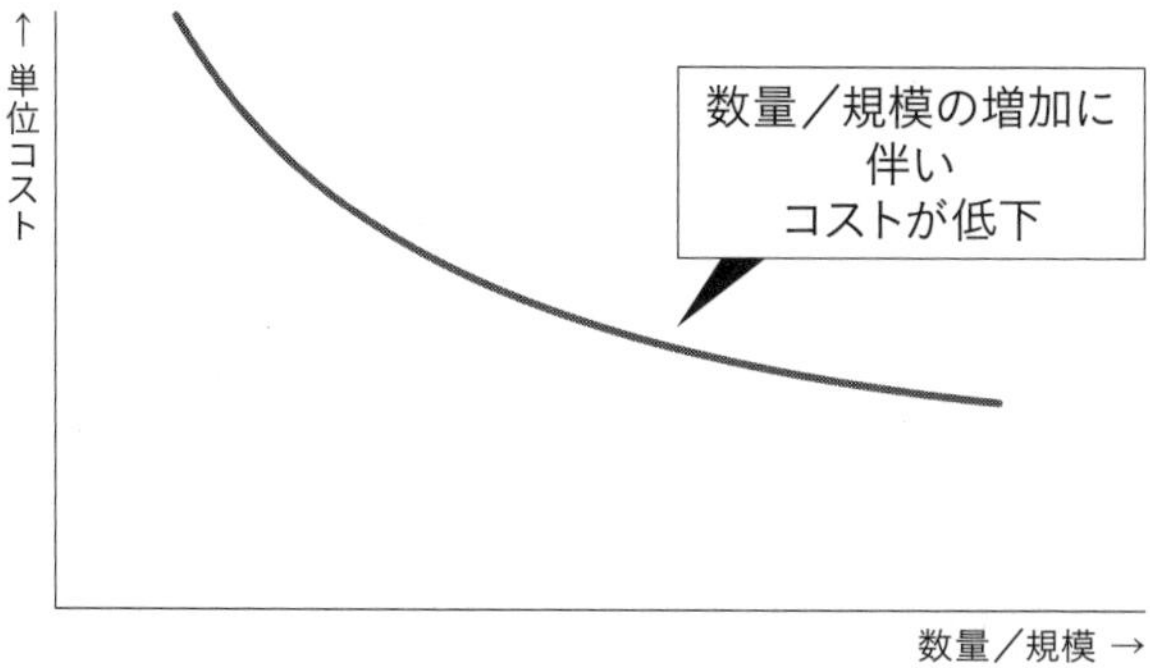

①規模の経済（エコノミーズ・オブ・スケール）

企業のコストは固定費と変動費に分解できます。固定費は規模が大きくなればなるほど下がる傾向があります。また、変動費についても、原材料の仕入れを大量に行うことなどによって、規模によるメリットを享受することが可能です。こうした規模の増加によるコスト効率の向上を「規模の経済」と呼びます（図表3－5）。

規模の経済がどの程度大きいのかは、それぞれの事業や商品によって異なります。スケールが大きくなればなるほどコストダウンのインパクトが大きなものもあれば、あまりコストメリットがないものもあります。それぞれの事業・商品ごとに定量的にコストカーブを分析し、どの程度の規模を追求すればコストメリットが得

図表3-6
経験曲線

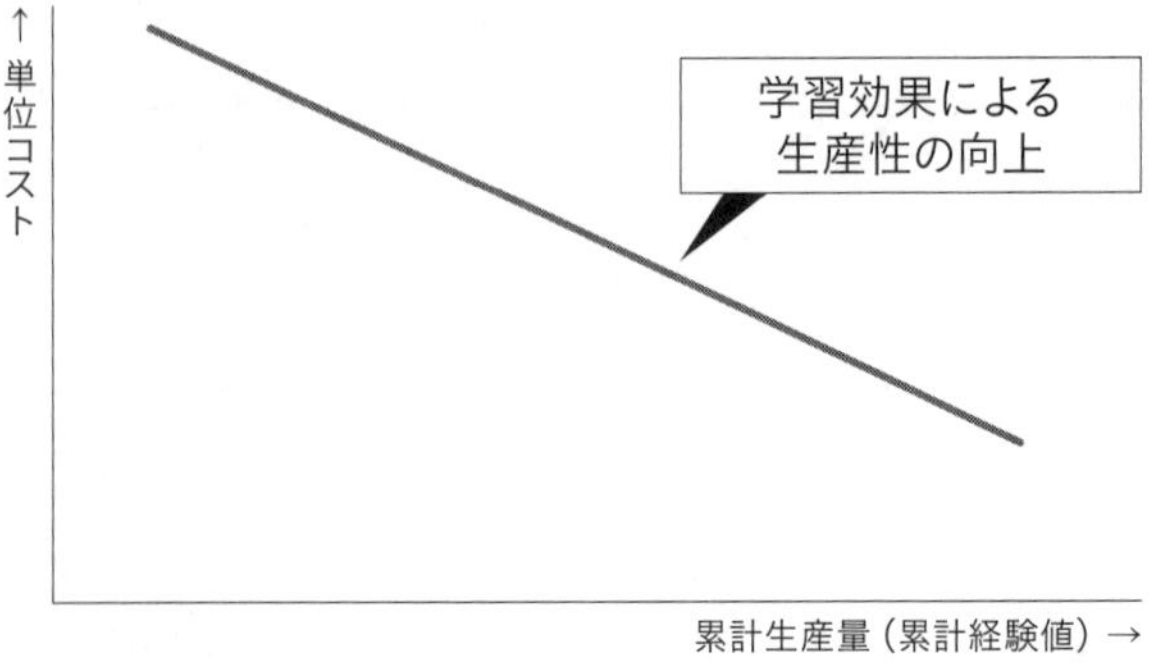

られるのかを把握することが重要です。

②経験曲線（エクスペリエンス・カーブ）

事業活動における累積の経験量が増えるほど、コストが低下し、コストメリットを享受できるという考え方が「経験曲線」です（図表3－6）。規模の経済がモノを対象にしたコストダウンであるのに対し、人の学習効果に着目したコストダウンです。もともとは航空機の組み立てコストにおける作業者の習熟のインパクトを分析したものであり、製造業のみならずサービス業においても、人の生産性を測る考え方として有効です。

③範囲の経済（エコノミーズ・オブ・スコープ）

単一の事業ではなく、複数の事業を営むことでコスト・インパクトがもたらされるものを「範囲の経済」と呼びます。自社固有の技術、販売単位コスト網、ブランドなどを最大限に活用し、同じプラットフォームを活用しながら多様な展開を行うことによって、単位あたりのコストを下げることができます。花王が自社の強みである家庭用品の流通網で化粧品を販売したり、ソニーがそのブランド力を活用して生命保険をはじめとする金融事業に参入したりするのが例として挙げられます。

ただ、ひとつ注意しなければいけないのは、思ったようなシナジー効果を上げられない例も多いという点です。理屈のうえでは範囲の経済が効くと思っても、実際には事業特性の違いや顧客の購買行動の違いによって、想定していたような範囲の経済が効かないのです。

かつて半導体事業に参入した日本の大手電機メーカーが思うような成果を上げられなかったのは、要素技術としては範囲の経済が効きますが、販売やブランド構築では効果が小さく、さらには意思決定の速さなど求められる組織能力が異なるため、技術面での範囲の経済だけでは優位性の構築に至らなかったからなのです。

図表3-7
3C分析

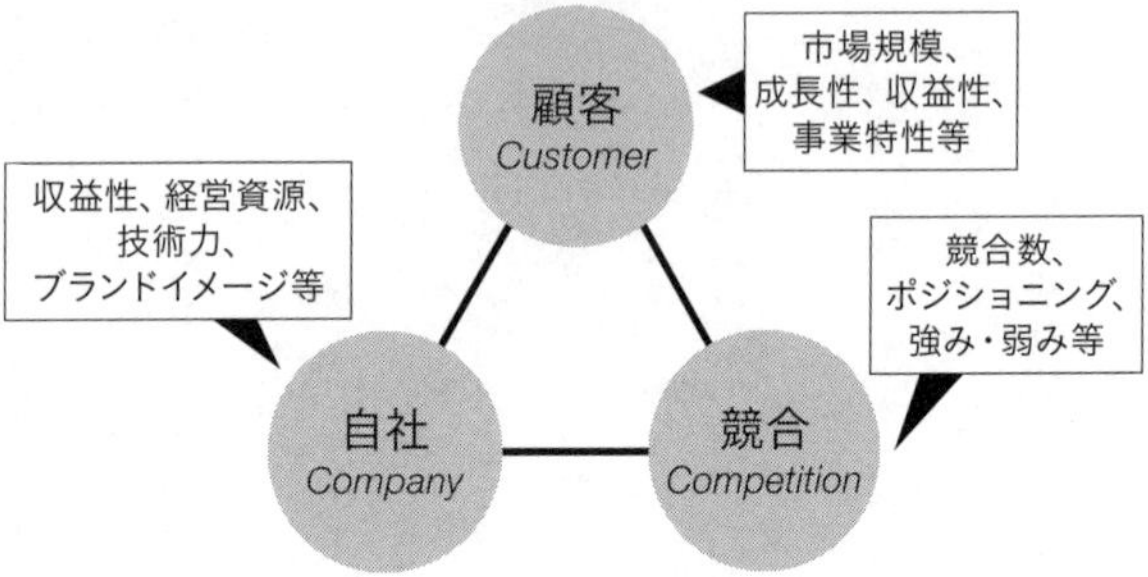

(3) 強みと弱みを理解する：経営環境分析

事業特性の把握とともに、経営を取り巻く環境の実態を把握するために行うのが経営環境分析です。経営とは「生きもの」であり、「環境の産物」です。自社を取り巻く環境を適切に把握しなければ、実効の上がる事業戦略を策定することはできません。

経営環境を把握するうえで、効果的なフレームワークとして、3C分析とSWOT分析が挙げられます。

①3C分析

企業を取り巻く環境を、顧客（Customer）、競合（Competition）、自社（Company）の3つのCに分けて分析するものです（図表3－7）。シンプル

図表3-8
SWOT分析

	好影響	悪影響
外部環境	機会 **O**pportunities	脅威 **T**hreats
内部環境	強み **S**trengths	弱み **W**eaknesses

な分析ですが、自社を取り巻く環境を客観的、かつ総合的に整理するうえで有効なフレームワークです。

顧客分析では、市場規模、成長性、収益性、事業特性、顧客のニーズの変化などが分析対象となります。競合分析では、競争企業の数、それぞれのポジショニング、強み・弱みの把握、新規参入の有無などを分析します。また、自社分析では、自社のポジショニング、収益性、経営資源、技術力、ブランドイメージなどを棚卸しします。

②SWOT分析

3C分析と類似していますが、市場での自社の優位性構築の可能性に力点を置いて、経営環境を整理するフレームワークがSWOT分析です（図表3－8）。SWOTとは強み（Strengths）、弱み

（Weaknesses）、機会（Opportunities）、脅威（Threats）の4つの要素を指します。

具体的には、自社を取り巻く外部環境を把握したうえで、市場における機会と脅威を整理します。その際、優位性構築のカギ、すなわちＫＳＦ（Key Success Factors）をつかむことが重要です。次に、自社と競合を分析し、自社の強み、弱みを整理します。優位性構築のために何が武器となって、何が足りないのかを明らかにします。

4 戦略の方向性は3つに集約される

ハーバード・ビジネススクールのマイケル・ポーター教授によると、個々の事業において優位性を構築するための基本的な戦略は3つに分けることができます。「企業のとりうる戦略は3つに集約される」とも言えます（図表3－9）。

実際には、こうした基本戦略が不明確で、優位性構築に結びついていない企業が数多くあります。まずは、自分たちがどのような戦い方を目指すのかの「戦略の軸足」をしっかり定めることが重要です。

(1) コストの低さで差をつける：コスト・リーダーシップ戦略

この戦い方はコスト競争力を徹底的に磨き、コスト優位性の構築を主眼に置いた戦い方です。似たような付加価値を持つ製品・サービスが多数存在するのであれば、より低いコストを実現することが優位性構築のカギとなります。そのために、規模を追求して、より大きなスケールメリットを享受するなどの徹底したコスト削減を実現しなければなりません。

自動車業界においては、トヨタ自動車がこれに該当します。トヨタでは新しい技術の追求、他社と差別化された商品の開発ももちろん行われていますが、戦略

図表3-9
ポーターの3つの基本戦略

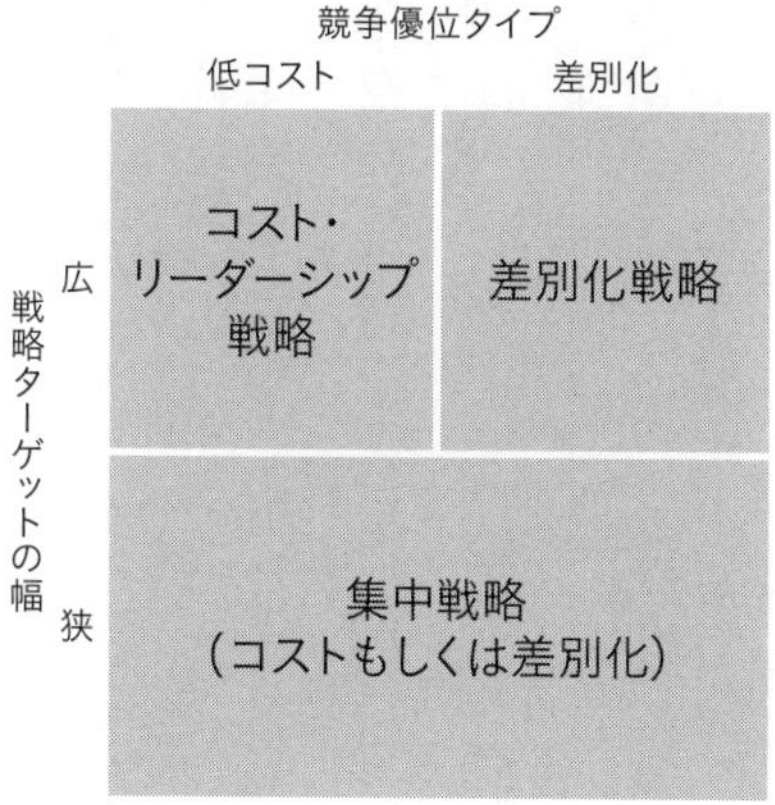

の根幹にあるのはあくまで規模の追求と継続的な改善によるコスト・リーダーシップの戦略です。成長を求めて海外に大きくシフトしたり、国内でもダントツのシェアにこだわったりするのは、スケールを追求して「品質は高いが、値ごろ感のある車」を提供することがトヨタの最大の付加価値であることを認識している証なのです。

(2) ユニークさに磨きをかける：差別化戦略

コストではなく、あくまで差別化されたユニークな製品やサービスを生み出すことによって付加価値を生み出そうとするのが、差別化戦略です。そのユニークさは競争相手が簡単には真似のできないものでなければなりません。しかも、差別化された商品やサービスを単発ではなく、次から次へと生み出すことができる組織能力を持っていなければなりません。ウォークマンなどの革新的な製品を開発したソニーや、ポストイットなど独自技術に裏付けられたユニークな製品を生み出す3Mなどが代表例として挙げられます。

自動車業界ではホンダの戦略がこれに該当します。ホンダは国内ではトヨタ自動車に次ぐ2番手の位置を占めていますが、生産台数はトヨタの半分以下のスケールしかありません。この規模ではどんなに頑張っても、コスト面でトヨタを凌駕することは困難です。トヨタが真似のできない差別化された、ユニークな商品を出し続けることこそがホンダにとっての生命線なのです。

(3) 小さくても輝ける分野を探す：集中戦略

コスト・リーダーシップ戦略、差別化戦略が広いターゲットを対象にした戦略であるのに対して、経営資源の限られた企業はより狭いターゲットに絞って優位性を構築する必要があります。集中戦略とは、大手企業との全面戦争を避け、特定の商品やサービス、特定の顧客層、特定の地域など限定した領域に経営資源を集中させ、独自の優位性を構築しようとする戦略です。「隙間」を意味するニッチから派生した「ニッチャー」と呼ばれたり、「カテゴリー・チャンピオン」とも呼ばれます。

集中戦略を徹底し、高収益を実現している企業としてキーエンス、ヒロセ電機、マブチモーターなどが挙げられます。いずれもセンサー、コネクター、小型モーターといった分野に特化し、専業メーカーとして「小さくてもきらりと光る」存在感のある企業です。

自動車業界では、軽自動車に特化しているスズキやSUVに強みを持つSUBARU（スバル）などが挙げられます。ある分野に特化するわけですから、事業全体の規模拡大は望めませんが、独自の強みを構築することによって高収益を上げることが可能です。

5 基本戦略を超える新しい戦略の考え方

(1) 中途半端が最も危険：死の谷

ポーターの「3つの基本戦略」は多くの事業に当てはまる汎用性の高い考え方です。しかし、多くの企業が陥るのが、これら3つの戦略のどれにも当てはまらず、中途半端なポジショニングをとってしまうことです。それぞれの業界の2番手、3番手の企業に数多く見られる現象です。多くの事業では、規模が大きくスケールメリットを享受できるリーダー企業と、規模は小さいが独自の強みを持つニッチャー企業が高収益を上げる傾向を持つ一方で、中途半端なスケールのフォロワー企業が低収益にあえぐという「V字カーブ」が見られます（図表3－10）。

業界トップと伍すほどのスケールがないためコスト優位性の創出は難しく、かといって

図表3-10
V字カーブ

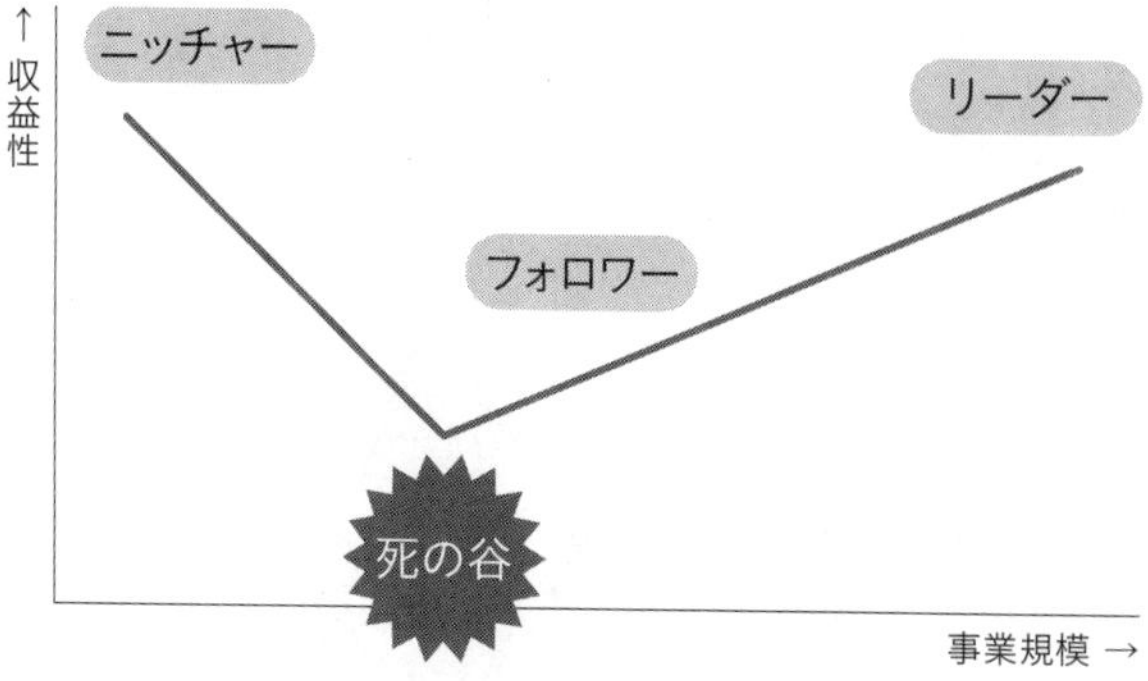

どれかの分野に特化した強みも明確ではないというきわめて中途半端なポジショニングとなってしまいます。これは「死の谷」と呼ばれ、きわめて優位性構築の困難なゾーンなのです。

自動車業界では、かつての日産や三菱自動車などが「死の谷」に埋没していました。リーダーであるトヨタ自動車ほどの規模がないにもかかわらず、フルラインの商品を抱え、規模の経済が効きにくい経営に陥っていたのです。

「死の谷」は企業にとって構造的な問題であり、単発のヒット商品が生まれれば解消するといった類の問題ではありません。業界全体の構造や競争地図を見据えたうえで、自社のポジショニングを冷静、客観的に分析し、そのポジショニングからの脱却法やデメリットの克服法を考える必要があります。

1999年、経営破綻の危機に瀕していた日産は、ルノーとの資本提携に踏み切りました。ルノーからカルロス・ゴーン氏が最高執行責任者（COO）として送り込まれ、短期間で日産を立て直しました。

2016年、日産は三菱自動車の筆頭株主となり、「ルノー・日産・三菱自動車」の3社によるアライアンス関係を構築しました。一時は3社連合で1000万台を超える販売台数となり、世界2位にまで躍り出ました。

日産はアライアンスにより「死の谷」からの脱却を目指し、それなりの成果を上げつつありました。しかし、その後、ルノーとの経営統合問題やゴーン氏の逮捕、逃亡などが起き、先行きは不透明な状況になっています。

(2)「世界レベル」での戦いを考える：グローバルV字カーブ

「V字カーブ」はグローバルベースで考えることが求められています。国内の閉じた市場で優位性を構築しても、世界レベルでの競争に勝てるわけではありません。

国内で事業規模を拡大して、リーダーのポジションを確保しても、世界で見ればさらに

図表3-11
グローバルV字カーブ

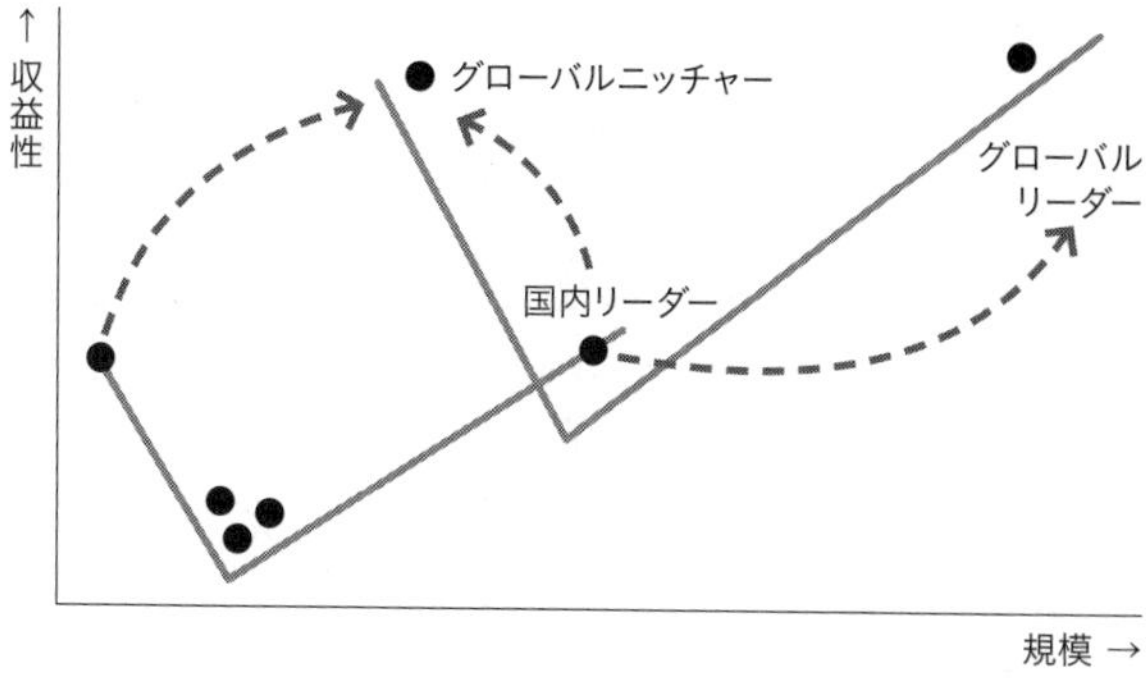

規模が大きく、より高い収益を上げている企業が存在します。「V字カーブ」という概念そのものをグローバルベースで捉える必要があるのです（図表3－11）。

製薬業界を例にとって考えてみましょう。日本の製薬企業のトップは武田薬品工業です。長らく日本の製薬業界をリードする優良企業です。

しかし、世界を見渡せば、武田薬品の売上高はトップ10にも入っていませんでした。米国のファイザーやドイツのメルク、スイスのノバルティスなど武田の数倍もの規模を誇る企業が数多くあります。

製薬企業は画期的な新薬を生み出すために、巨額の研究開発投資が欠かせません。世界の製薬トップ企業は毎年100億ドル（約1兆円）

近い研究開発費を投じています。こうした熾烈な開発競争に勝つためには、規模をさらに拡大し、より高い収益性を確保することが不可欠になってきています。

こうした状況のなかで、武田薬品は思い切った戦略を打ち出しました。それはM＆Aによるグローバル化の加速です。潤沢な手元資金を活用し、２００８年には米国のミレニアム・ファーマシューティカルズを89億ドルで、さらに２０１１年にはスイスのナイコメッドを96億ユーロで買収しました。

２０１４年にはグラクソ・スミスクラインのワクチン事業の責任者を務めたクリストフ・ウェバー氏を経営者として招聘し、世界で勝負する製薬メーカーへ脱皮する動きを加速させました。

そして、２０１８年、アイルランドの製薬大手シャイアーを６２０億ドル（約６兆８０００億円）で買収し、世界を驚かせました。この買収額は日本企業による過去最大の海外企業買収です。

武田薬品が蓄積してきたがん領域での新薬開発に、希少疾患、血液製剤分野で強みを持つシャイアーを加えることにより、幅広い領域で競争力を強化する狙いがあります。

この買収で武田薬品の売上高は、世界ランキングの８位に浮上しました。製薬業界はグローバル競争が熾烈で、今後は世界の上位企業しか生き残ることができないと言われています。巨額の資金を投入し、武田薬品は「国内のリーダー」から「世界のリーダー」を目指す戦略へと大きく舵を切ったのです。

(3) 戦わずして勝つ：ブルー・オーシャン戦略

マイケル・ポーターの戦略論が「競争」という市場環境を前提に議論されているのに対し、そもそも「競争のない世界」を創造することを目指すのがブルー・オーシャン戦略です。

これはＩＮＳＥＡＤ（欧州経営大学院）のＷ・チャン・キムとレネ・モボルニュの両教授が提唱したもので、２００５年に発売された同名の著作は世界中でベストセラーとなりました。

競争の激しい既存市場を「レッド・オーシャン（赤い海、血で血を洗う競争の激しい領域）」と位置付け、それとは対極にある「ブルー・オーシャン（青い海、競合相手のいない領域）」を切り拓き、創造することの重要性を説いています。

キム教授はその好事例として任天堂のゲーム機「Ｗｉｉ（ウィー）」を挙げています。

これまでのゲーム機の主要顧客は10代後半でした。「Ｗｉｉ」はあえてそのセグメントを狙わず、これまでゲームであまり遊ぶことのなかった小さな子供や大人といった「非顧客」を顧客化することによって、「ブルー・オーシャン」（新市場）を創造することに成功したのです。

これまでの戦略論の主流は「いかに戦うか」に軸足を置いていましたが、「新しい市場空間」を創造することによって、「戦わずして勝つ」ことを目指すのがブルー・オーシャン戦略のポイントです。

「レッド・オーシャン」での戦いは消耗戦となり、最後は体力勝負、腕力勝負に陥りがちです。グローバルレベルでの同質競争が激化するなかで、「競争」ではなく「創造」こそが勝者の戦略であるという指摘は、ますます重要になっています。

(4) しくみで価値を創造する：ビジネスモデル

戦略を包含するより広い概念として、「ビジネスモデル」という言葉がよく使われるようになりました。特に、インターネットの普及によって、これまでのビジネスのしくみを劇的に変え、古いモデルを一掃させてしまうような新たなしくみの設計・構築が可能となっ

図表3-12
楽天のビジネスモデル（B2B2C型）

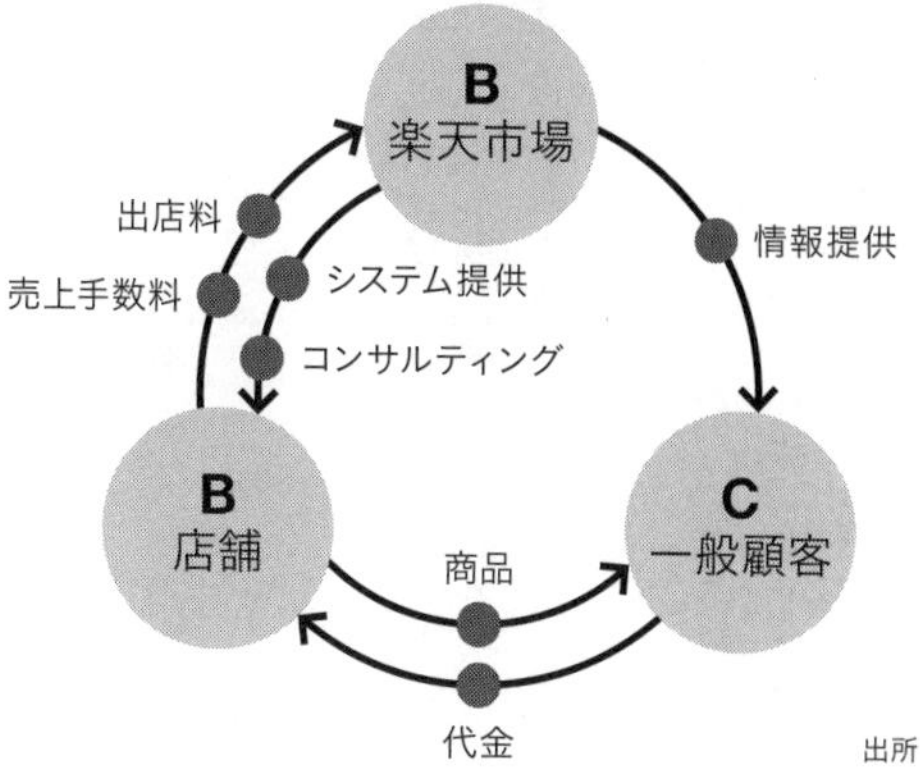

出所：楽天 HP

たのです。

例えば、インターネットによって供給者と消費者が直接結びつくことが可能となり、eコマース（電子商取引、EC）のような「ダイレクトモデル」が生み出されています。これによって、従来の卸や商社、小売店などが介在しない、いわゆる「中抜き」という新たなビジネスモデルが誕生しています。

その事例として楽天を挙げることができます。楽天が運営する「楽天市場」は、「各地に散らばる店舗がネット上にオンラインの仮想商店街を形成するB2B2C（Business to Business to Consumer）のビジネスモデル」と位置付けられています。

楽天は出店店舗からの出店料や売上などに応じた手数料によって収益を上げるしくみになっています（図表3－12）。

他のECサイトが商品中心、効率性重視であるのに対し、「楽天市場」は出店店舗が魅力的な店舗をつくり出し、ネットワークでつながった顧客とさまざまなコミュニケーションを生み出すことによって、エンターテインメント性を提供している点に独自性があると言えます。

ビジネスモデルは「どのような価値をどのようなしくみで生み出し、収益を上げるのか」を包括的かつ循環的に捉え、それを設計し、実現することです。したがって、ビジネスモデルを設計する際には、従来の戦略の視点やオペレーションの視点などを統合的に考える必要があります。

製品やサービスといった個別要素で差別化を目指すのではなく、これまで存在しなかったまったく新しいしくみを生み出すことによって、新たな価値を創造しようとするのがビジネスモデルの狙いと言えます。

(5) 世界的に重要性が高まる「知的財産」と「特許」

企業の競争力を規定する大きな柱として知的財産に大きな注目が集まっています。この動きは企業活動だけでなく、日本の国家戦略として認識され、2003年には知的財産基本法が施行されました。知的財産を法的に保護、活用することによって、個々の企業、さらには日本の産業競争力を高める狙いがその背景にあります。

知的財産とは物権、債権に次ぐ第3の財産権であり、特許（発明）、実用新案（考案）、意匠、商標の4つの権利や著作権などの「知的創作活動に基づき形成された無形資産」に関する権利と規定されています。

インターネット検索最大手のグーグルは、2014年1月に子会社であるモトローラ・モビリティが手掛けるスマートフォン（スマホ）端末事業を中国のレノボ・グループに売却すると発表しました。低価格競争が激化するスマホ事業は魅力がないと、撤退を決断したのです。

その一方で、モトローラが保有する豊富な特許は、グーグルが所有し続けます。そもそも2012年にグーグルがモトローラを125億ドルで買収した主目的も、特許取得にあると言われています。80年を超える歴史を持つモトローラの知財価値はきわめて大きく、グーグルは「商品ではなく、知財で勝つ」選択をしたのです。

世界の124カ国が加盟する特許協力条約（PCT）に基づき、世界知的所有権機関（WIPO）は1978年に特許の国際出願の制度を創設しました。これはひとつの発明で複数国の特許を申請する制度です。

制度創設後、申請件数が2000年に50万件に達するまでに22年かかりましたが、その後2005年に100万件に達するまでには4年しかかかっていません。世界中で特許を取得する知的財産戦略が企業内で浸透してきた証と言えます。2003年にインターネット経由で出願できる電子出願が導入されたことも件数増加の大きな要因となっています。

特許のグローバル競争はますます熾烈になっています。世界知的所有権機関（WIPO）の報告によると、2018年の全世界の特許出願件数は過去最高の約333万件で、9年連続の増加となりました。

国別に見ると、1位は中国（約154万件）で、前年比11・6％も増加しています。2位は米国（約59万件）、3位は日本（約31万件）と続いています。

とりわけ、中国の伸び率は驚異的で、2008年には全世界に占める中国の比率は15％

でしたが、２０１８年には46％にまで達しています。知的財産の分野においても、中国の存在感が高まっています。

(6) 企業内の知識や知恵を資産として活用：ナレッジ・マネジメント

法的に保護される知的財産だけでなく、企業内に蓄積されたさまざまな知識や知恵を「知識資産」として活用し、競争力の強化に結びつけようというのが「ナレッジ・マネジメント」です。

知識や知恵は「暗黙知」（言葉で表現しにくい主観的なノウハウや経験知）と「形式知」（言葉で表現され、文書化された客観的な知）に分けることができます。ナレッジ・マネジメントとは暗黙知を形式知に転換させることであると言えます。

例えば、優秀な技術者や営業マンのノウハウや思考パターンはこれまで一般化、汎用化することが困難とされてきました。しかし、彼らの仕事の手順や思考プロセスを解明し、共有することで組織の能力を高め、生産性向上や新製品開発に役立てようとするのがナレッジ・マネジメントの狙いです。

ナレッジ（知識）は人・モノ・金・情報に次ぐ第５の経営資源として注目されています。

企業によっては、ＣＫＯ（Chief Knowledge Officer、最高知識責任者）を任命し、企業活動全般にわたる知識やノウハウの管理、活用に取り組んでいます。

(7) 古くて新しい「リカーリング」ビジネス

近年注目されている経営戦略のひとつとして、「リカーリング」ビジネスが挙げられます。リカーリングとは「繰り返し」「循環」という意味です。モノやサービスの売り切りではなく、繰り返し利用されることで継続的に収益を上げるビジネスモデルを指しています。

実は、「リカーリング」は古くから存在するビジネスモデルです。米国のカミソリメーカーであるジレットが、替え刃の取り換え需要で継続的に収益を上げられるように、米国の主要都市の街頭でカミソリ本体を無料で配った「ジレットモデル」が先駆的な事例として有名です。

また、コピー機メーカーであるゼロックスは、インクや用紙などの消耗品販売で継続的に儲けることを狙い、コピー機本体の価格を下げる戦略を打ち出しました。これは「ゼロックスモデル」と呼ばれています。

近年、「リカーリング」が注目を集めている理由として、顧客の関心が「所有」から「利用」へと変化していることが挙げられます。つまり、顧客の求める価値は「ハードからサービスへ」と大きくシフトしつつあります。

最近の成功例としてよく知られているのは、オランダの電機メーカーであるフィリップスの照明事業です。これまでフィリップスは照明器具というハードウェアを販売していたのですが、現在では「ＬａａＳ」（Lighting as a Service）と呼ばれるサービス事業へと転換しようとしています。

このサービスは法人顧客に向けて照明インフラの運用を請け負うサービスです。フィリップスは顧客が照明に求める性能を保証しつつ、照明のために消費している電力量を削減するためのしくみを提供します。そして、削減できた電力料金の額に応じて成功報酬を受け取るのです。

このビジネスモデルは「Pay per Lux」（明るさという価値に対して対価を支払う）と呼ばれています。つまり、フィリップスは「照明を売る」のではなく、「明るさを売る」ビジネスへと転換したのです。

顧客にとっては、照明器具を自ら「所有」することに意味はありません。照明を「利用」し、明るさが担保されていればよいのです。

多くの業界でハードウェアの売り切りモデルは限界を迎えつつあります。「製品を販売して終わり」ではなく、顧客との長期的なつながりを保ち、継続的にサービスを提供するビジネスモデルへの転換が進んでいます。

6 デジタルテクノロジーが起こす破壊的イノベーション

(1) 既存業界を「崩壊」させるデジタル・ディスラプション

これまでの産業界の歴史を振り返れば、それは「破壊と創造」の繰り返しだったことが見て取れます。そして、その起爆剤となっているのは技術革新です。

例えば、内燃機関という新たな技術によって自動車が誕生し、それまでの馬車などに頼っていた「移動」という概念は根本から変わりました。

近年、社会や産業のあり方を根本から変えつつあるのが、「デジタル・ディスラプション」です。「ディスラプション」とは「崩壊」を意味します。つまり、デジタルテクノロジーによって既存の産業やビジネスのあり方を根底から揺るがし、崩壊させてしまうような破壊的なイノベーションが次々に起きているのです。

実際、デジタル・ディスラプションは私たちの身近なところでいくつも起きています。例えば、かつては音楽や映画を楽しもうと思えば、ＣＤやＤＶＤを一枚一枚買ったり借りたりするのが当たり前でした。しかし、今ではクリックひとつで音楽や動画を楽しめるようになっています。

自動車を持つ人と、移動したい人をマッチングさせる配車サービスを構築したウーバーは、既存のタクシー業界に大きな影響を与えています。自動車という有形資産を持たないにもかかわらず、巨大な移動サービスを展開する会社になったのです。

また、一般の民家に宿泊する「民泊」を提供するエアビーアンドビーは、民家の空き部屋を提供したい人と安く利用したい人を結びつけるしくみを構築し、ホテルや旅館業界にとって大きな脅威となっています。

デジタル・ディスラプションにおいては「ディスラプトする側」（新規参入者）と「ディスラプトされる側」（既存事業者）が明確に分かれます。デジタルテクノロジーの進展によって、既存の確立されたしくみが一気に陳腐化し、新規参入のデジタルプレイヤーたちによって市場が奪われていきます。脅威は業界の「内」にあるのではなく、業界の「外」からもたらされるのです。

(2) 魅力的な「場所」を提供するプラットフォーム戦略

デジタルテクノロジーの進展は、プラットフォーム戦略という新たな経営戦略の方向性を加速させています。プラットフォームとは「土台」や「基盤」「場所」を意味する言葉ですが、ビジネスにおいては「不特定多数の顧客に向けて、多様な製品やサービスを展開するビジネス基盤」を意味しています。

そうしたサービスの提供者を「プラットフォーマー」と呼びます。いわば、世の中の多くの人たちにとって「なくてはならない基盤、土台、場所」を提供する会社ということができます。

その代表的な成功例としては、アマゾンや楽天といったECサイトが挙げられます。アマゾンは書籍のネット販売からビジネスをスタートさせ、今では買えないものがないほどの世界最大のオンラインストアとなりました。利用者にとって「なくてはならない」存在となっています。

プラットフォーム戦略の特徴は、デジタルテクノロジーを駆使し、関係する企業やグループを「同一の場所」（プラットフォーム）に乗せることで、新たな事業の「エコシステム」を構築していることです。

「エコシステム」とは業界や系列の異なる多様な企業や顧客などが互恵関係を結び、協業することにより、共存共栄を目指すアライアンスモデルを意味します。

例えば、楽天は楽天市場という「場所」（自社のプラットフォーム）に商品を売りたいと考えている日本国内各地の小売店を数多く集めています。楽天自体はモノを製造したり、直接的に販売しているわけではなく、「場所」を提供しているのです。

一方、消費者が小売店の商品を購入するためには、楽天の会員に登録する必要があります。つまり、楽天は各地の小売店に自社のプラットフォームに参加してもらい、市場を魅力的なものにすることで、ユーザー（自社会員）を増やしているのです。

アマゾンや楽天に限らず、ＧＡＦＡ（グーグル、アップル、フェイスブック、アマゾン）と呼ばれる企業は、巧みなプラットフォーム戦略で大きな成功を収めていると言えます。

(3) 顧客との継続的な関係を築くサブスクリプションモデル

デジタルテクノロジーを駆使して新たなビジネスモデルを展開する企業に共通するのが、「サブスクリプション」という考え方です。サブスクリプションは一般的には「定期購読」「予約購読」の意味ですが、新たなビジネスモデルにおいては一定の金額を定期的に「課金」する「定額制サービス」を意味しています。

つまり、顧客は商品ごとに購入金額を支払うのではなく、一定期間の利用権として料金を支払う方式です。契約期間中であれば、顧客は定められた商品やサービスを自由に利用できます。

例えば、従来はパッケージソフトウェアを販売していたアドビシステムズは、2013年からその販売形式を停止し、月額課金制のサブスクリプションモデルに移行しました。その結果、売上は大きく伸び、売上の70%以上は継続課金となっています。

このビジネスモデルは動画配信や音楽配信などのデジタルコンテンツとの相性がよく、さまざまなサービスがサブスクリプションモデルとして展開されています。「毎月1300円で映画見放題」などの宣伝文句があれば、それがサブスクリプションモデルです。

一般的には、月額料金の違いによってサービス内容が異なります。例えば、動画配信サービスを提供しているネットフリックスは、「ベーシック」「スタンダード」「プレミアム」と複数の料金プランを用意し、幅広い顧客層を取り込もうとしています。

サブスクリプションモデルは「所有」ではなく「利用」に重きを置いたビジネスモデルであり、前節で説明した「リカーリング」ビジネスの一例とも言えます。

顧客はライフスタイルの変化に合わせ、効率的かつ実用的に商品やサービスを利用することが可能です。一方、企業は安定的な収益を確保することに加え、顧客との長期的な関係を構築することができるのです。

第4章

「売れるしくみ」をつくる

——マーケティングのマネジメント

ミニケーススタディ❸

敷居を低くし、間口を広げるハーレーの販売店

大型バイクで知られるハーレーダビッドソン。バイク好きにとっては憧れであり、熱烈なファンが多いことでも知られています。

しかし、モノが売れない時代にあって、一部の熱狂的なファンだけに頼っていたのでは、成長は実現できません。東京都昭島市にあるハーレーの正規販売店「ハーレーダビッドソン昭和の森」では、マニアだけに限定せず、〝普通の人〟が入りたくなる店づくり、雰囲気づくりを徹底し、成果を上げています。「家族で遊べるメガディーラー」を標榜し、さまざまなしかけを講じています。

〝普通の人〟に興味を持ってもらうためには、バイクという商品の魅力だけに頼っていたのでは限界があります。店内にはバイクやパーツ、アクセサリーだけでなく、雑貨や子供服、台所用品や玩具などさまざまな商品が並んでいます。

店のレイアウトは週に1度大きく変わるため、繰り返し来店しても新しい発見があります。バイクの展示スペースはベビーカーが1周できるように設計されています。また、外

から見えるガレージ風のカフェにはテーブルゲームやダーツが揃い、陽光の当たるガーデンテラスや、幼児用のスペースも用意されています。

さらには、「モノ」だけでなく「コト」も充実させています。商品の魅力だけでなく、「体験」することの価値を打ち出しているのです。

敷地内には1・2キロメートルの試乗コースが設置されているほか、結婚式にハーレーを貸し出すなどのサービスも充実しています。ご当地グルメの誘致や街歩きツアーとのタイアップといったイベントなどの企画も次々に発案され、実施されています。

こうした工夫と施策が功を奏し、平日は40人程度、週末になると数百人が訪れる人気スポットとなり、年間の来場者数は約3万人にも上ります。

その客層は多彩です。30〜50歳代のコアファンに加え、家族連れや10代の若者、70代のシニア層、20代の女性などが、それぞれの目的に合った楽しい時間を過ごしています。ハーレーならではの世界観を大事にしながらも、それを押し付けない店づくりが、敷居を低くし、間口や裾野を広げることにつながっているのです。

1 「マーケティング部門だけがやればいい」わけではない

(1)「売れるしくみ」づくり

企業活動とは付加価値創造活動であると説明してきました。どの企業も最終的に顧客に付加価値としての商品やサービスを購入してもらい、その対価として利潤を得ます。いくら素晴らしい商品やサービスを開発しても、顧客がそれを知らなかったり、その価値が正しく伝わっていなかったりすれば、思うように売上は上がらず、企業も利潤を得ることはできません。

市場や顧客に対して、自社の商品やサービスの価値を認知してもらい、容易に入手することができる環境を整えるのがマーケティングの役割です。別の言い方をすると、マーケティングとは顧客や市場の視点に立って自社の商品やサービスが「売れるしくみ」を構築することだと言えます。

マーケティングというと、広告や宣伝などのパブリシティー活動を思い浮かべる人がいますが、本当のマーケティングとはそうした限定的なものではなく、顧客や市場と企業の間の関係性に関わるすべての活動を包含する企業活動の中核を担うものとして捉える必要があります。したがって、マーケティングは組織上のマーケティング部門だけが担うものではなく、商品開発、営業、サービスなど何らかの形で顧客との接点を持つ部門が連携を強化して取り組むべき企業活動であると考えるべきです。

(2) 科学性と感性という二面性

市場・顧客という常に変化する対象を相手にするマーケティングには、2つの視点が求められます。ひとつは「科学性」です。「マーケティングとは科学（サイエンス）である」という考え方に基づき、市場動向の変化や顧客の購買行動などを可能な限り論理的、定量的に解明し、理屈に合ったマーケティングを行うことです。

普段何気なく買い物をしている消費者は、本人も気が付いていないケースが多いのですが、それなりにパターン化された合理的な購買行動をとる側面を持っています。市場調査などを通じて、データを集め、仮説と検証を繰り返しながら、より科学的なマーケティングを志向する必要があります。

もうひとつが「感性」です。消費者は合理的な購買行動を志向する一方で、理屈には合わない直感的、非合理的な購買行動もとります。こうした側面を重視し、「マーケティングとは芸術（アート）である」という考え方に基づき、消費者の感性に訴えかけていくというアプローチも必要になってきます。

こうした二面性は、商品やサービスの特性によってそのウエートが異なります。日常的に消費する食品や日用雑貨品などは科学性、合理性が強く求められますが、嗜好品は感性のウエートが高いと言えます。しかし、同じ商品でもそれぞれの企業が目指しているポジショニングによって、そのウエートのかけ方は違ってきます。「科学性」と「感性」の両方を視野に入れたマーケティングの展開が求められています。

(3) マーケティングの4つのステップ

効果的なマーケティングを行うためには、そのプロセスを理解し、一貫したステップを踏む必要があります。市場や顧客はつかみにくいものです。少しでもその実態を理解し、市場の視点、顧客の目線でマーケティング活動を行うことが重要です。

通常、マーケティング活動は次の4つのステップを踏んで行われます（図表4－1）。

●マーケット・セグメンテーション　市場は一様ではありません。異なるニーズを持つ多様な消費者の集合体であると理解すべきです。似たようなニーズを持つ人たちを識別し、いくつかのグループに分類、細分化する作業がマーケット・セグメンテーションです。

図表4-1
マーケティングの4つのステップ

マーケット・セグメンテーション（細分化）
↓
ターゲティング（ターゲットの特定）
↓
マーケティング・ミックス（4P）
↓
実行と評価（検証と学習）

●ターゲティング　複数の異なるセグメントのなかで、自社がターゲットとすべきセグメントを特定することがターゲティングです。どのようなニーズを持つ人たちに、自社のどのような価値を訴求していくのかを明らかにする必要があります。全体の市場のなかで、自社は他の競争相手とどのように違うのかというポジショニングを明確にすることでもあります。

●マーケティング・ミックス　ターゲットとすべきセグメントに対して最も効果的と思われる具体的なマーケティング施策を立案するのがこのステッ

図表4-2
マーケティング・ミックス（4P）

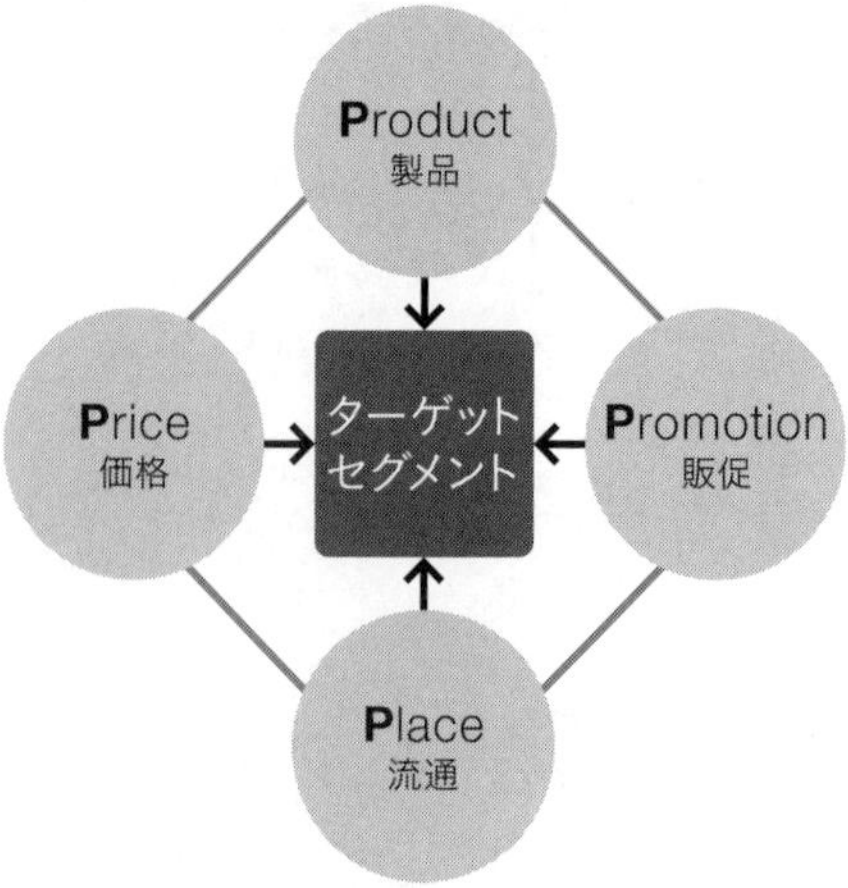

プです。具体的には、4Pと呼ばれる要素に分解して考えていきます（図表4－2）。4Pとは、Product（製品）、Price（価格）、Place（流通）、Promotion（販促）を指します。その際、これら4つの要素がバラバラではなく、一貫した施策であることが求められます。

●**実行と評価**　マーケティング・ミックスは「やっておしまい」ではありません。どのような施策は効果があったのか（なかったのか）、なぜ効果が上がったのか（上がらなかったのか）を検証し、次の施策に反映していかなければなりません。マーケティングにおいて最も重要なのは、日常的な施策を通じて、市場や顧客から「学習」し、より効果的な施策につなげていくことです。

2 戦略的に市場と顧客を分類する

(1) 分類の「切り口」を考える

マーケット・セグメンテーションは効果的なマーケティングを実行するための入り口としてきわめて重要です。マーケットをどのように「切る」かによって、自社のターゲットが明確になるだけでなく、ユニークなセグメンテーションはそれ自体が差別化の源泉となります。競合他社が見落としているようなセグメントを発掘することによって、効果的な施策を先行して打つことができるのです。

アスクルは文房具やオフィス用品のダイレクトビジネスで急成長を遂げましたが、最初

図表4-3
事業所の分類

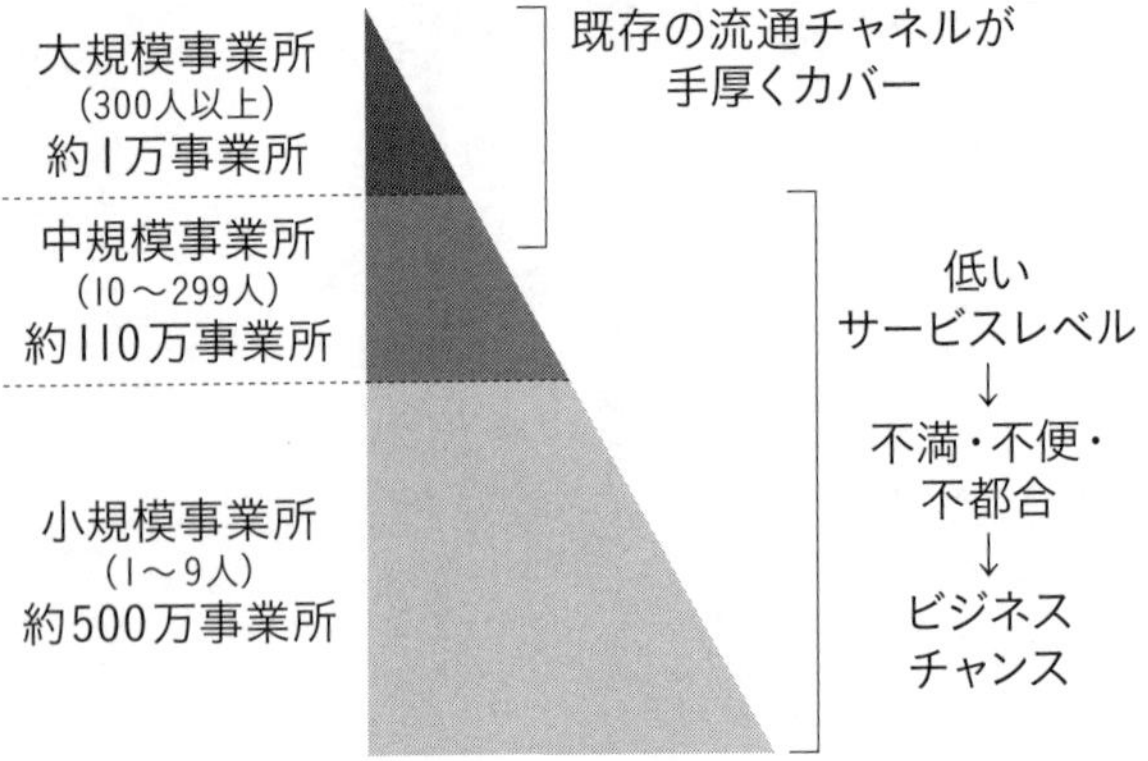

に目を付けたのは中小事業所でした（図表4―3）。従来の文具チャネルは大規模事業所に対してはきめの細かいサービスを行っていましたが、購買金額が小さく、手間のかかる中小事業所に対するサービスは劣悪でした。品揃えが乏しい、納期が遅い、価格が高いといった中小事業所の不満に着目したのがアスクルのビジネスモデルと言えます。

　中小事業所というセグメント自体は昔からあったセグメンテーションの考え方です。重要なのは、そのセグメントの満たされていないニーズに着目し、どのようにしたらそのニーズを充足できるかを考えることです。現状の商品やサービスに不満や不便を感じているセグメントを発見することができれば、大きなビジネスチャンスにつながります。

セグメンテーションを行う際の〝切り口〟として一般的なのは、「人口動態」と「地理的分類」です。人口動態は市場を年齢、性別、所得、家族構成、職業などの変数で分類するものです。アスクルのセグメンテーションは「法人市場」を事業所別従業員数という人口動態的な変数で切ったものと言えます。

地理的分類は、地方や県、気候、人口密度などの変数で切ったものです。地域特性による違いを明確にするためのアプローチと言えます。

この2つの切り口に加えて、最近では顧客の「価値観」や「購買行動」によるセグメンテーションの重要性が増してきています。インターネットの普及などによって情報格差が小さくなり、さらに交通手段が進歩し、人口動態や地理的分類だけでは市場の多様性がつかめなくなってきたのです。

例えば、アウトドア志向というセグメントは全国どこにでも存在しますし、年齢別に見ても幅広く分布します。また、考え方として非常に保守的な人たち、新しもの好きな人たち、リベラルな考え方の人たちなど人間の価値観に基づくセグメンテーションも重要になってきています。モノが行き渡り、市場が成熟化すればするほど、従来のような一般的なセグメンテーションではなく、より深く顧客を理解したうえでの切り口が求められているのです。

(2) セグメンテーションの落とし穴

マーケティングを行ううえで、セグメンテーションはきわめて重要ですが、留意しなければいけないことが2つあります。ひとつ目は「過度に細分化しない」ことです。市場を深く見れば見るほど、細かい違いに目が行きがちになります。しかし、実際のビジネスとして考えるうえでは、ビジネスとして成り立つセグメントの規模が必要です。小さな「差異」を見るのではなく、「共通項」を見つけることによって、適切なサイズのセグメンテーションが可能となります。

2つ目に重要なのは、セグメンテーションは「あくまで仮説」と考えることです。人口動態や地理的分類は絶対的なハード・データに基づく分類ですが、価値観や購買行動は顧客のソフト的な側面に基づく分類です。ひとりの顧客が複数の価値観を持つこともありえますし、その人の価値観が将来変わることも考えられます。常に仮説としてのセグメンテー

図表4-4
イノベーター理論に基づく消費者分類

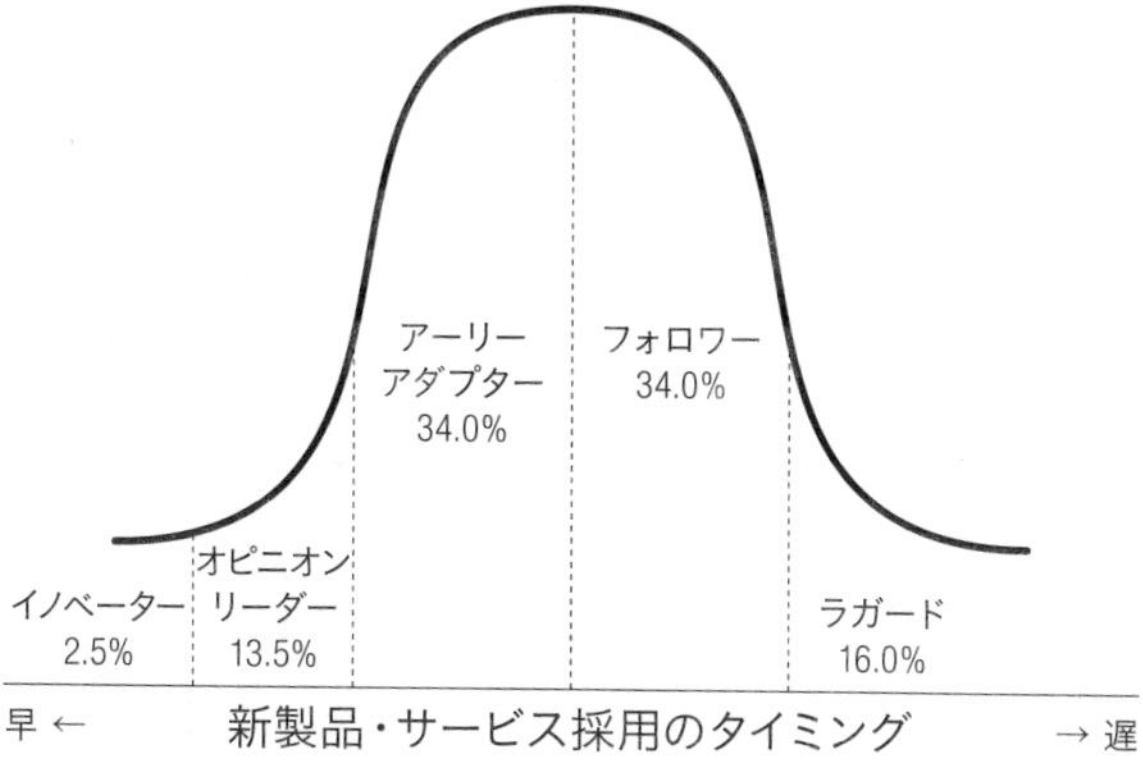

ションを検証しながら、進化させていく努力が求められるのです。

(3) 新しもの好きか、保守的か：イノベーター理論

消費者を分類する際のひとつの考え方として、製品やサービスの購入に対する態度をもとに分類するのがイノベーター理論です（図表4－4）。いくら素晴らしい新製品を開発しても、それに対する消費者の反応は一様ではありません。新しいものにすぐ反応する人もいれば、周りの様子を見ながら購入を決める人もいます。イノベーター理論では、消費者を5つのタイプに分類しています。製品やサービスによって、

市場に浸透するスピードは異なりますが、新しい製品やサービスの普及はまず少数のイノベーターの購入から始まります。

●**イノベーター**（革新者、2・5％）新しいものに強い興味を持ち、社会的通念にとらわれず独自の判断をするタイプ

●**オピニオンリーダー**（初期少数採用者、13・5％）新しい製品やサービスに対する主観的評価を初期の段階で仲間に伝え、広く普及する素地をつくるタイプ

●**アーリーアダプター**（初期多数採用者、34・0％）オピニオンリーダーが使用しているのを見て、購入を決めるタイプ

●**フォロワー**（後期多数採用者、34・0％）新しいものに対して慎重で、広く普及するまで購入を見送るタイプ

●**ラガード**（伝統主義者、16・0％）伝統的、保守的なライフスタイルに固執し、新しいものを受容しないタイプ

3 「4つのP」を組み合わせる——マーケティング・ミックス

ターゲットとするセグメントに対して効果的に働きかけるための具体的なマーケティング施策を組み合わせて展開することをマーケティング・ミックスと呼びます。その組み合わせは4つのPに基づいて行われます。

(1) シーズとニーズで考える：Product（製品）

企業活動が成功するためには、市場に受け入れられる魅力的な製品（サービス）の開発が不可欠です。そのためのアプローチとして、シーズ（技術の種）主導型とニーズ主導型の2通りがあります。

シーズ主導型とは新たな革新的技術を〝種〟として、ユニークな新製品を開発するという発想です。今まで不可能であったことが新たな技術によって克服され、付加価値の高い魅力的な製品が生まれてきます。旅客機の機体に使われる「軽くて強い」炭素繊維を生み出した東レやポストイットを開発した3Mのような企業が代表例です。常に先進的な技術を研究し、新たなイノベーションを追求する企業と言えます。

ニーズ主導型とはマーケットの〝欲求〟に耳を傾け、顧客や消費者の満たされていない不満や不便、不都合を解決するというアプローチです。例えば、ヤマト運輸は顧客の声・要望をもとにクール宅急便やゴルフ、スキーの宅配便というサービスを開発し、宅配便の市場を創出しました。

ただし、現実の製品開発においては、両方のアプローチを融合させ、シーズとニーズの両面を兼ね備えたものが必要となってきています。富士フイルムが開発し、世界的な大ヒットとなったレンズ付きフィルム「写ルンです」は、過去にも何度か同じコンセプトの製品化が進められましたが、成功しませんでした。大ヒットにつながったのは、機械には強くないが、旅行などでカメラを使う頻度の高い女性をターゲットとして定め、部品を可能な限り減らし、コンパクトでシンプル、かつ低コストなものにできた点にあります。

1986年に発売された「写ルンです」は女性、学生の間に急速に浸透し、半年で100万個を突破するヒット商品となりました。その後、デジタルカメラやカメラ付き携帯電話の普及などにより、販売量は大きく減りましたが、近年でも「フィルム独特の風合いが

図表4-5
コスト積み上げ型プライシング

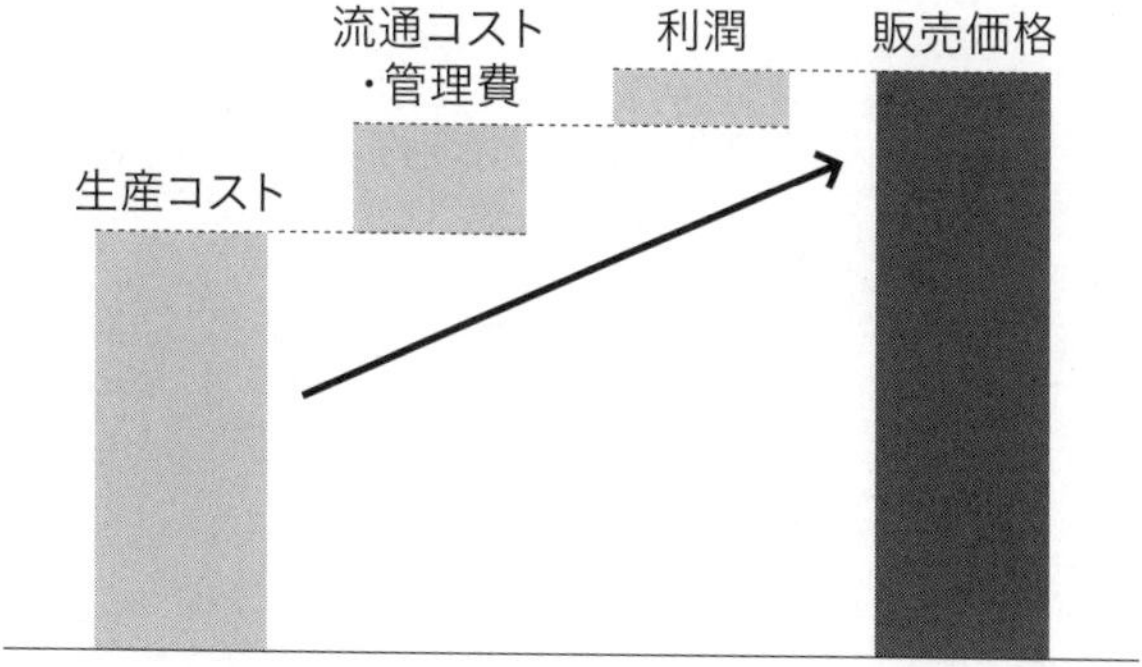

とてもキレイ」と、カメラ好き女性を中心に人気になっています。ニーズとシーズの両面が満たされた時に付加価値の高い製品は誕生します。製品開発プロセスにおいて、マーケットの声を反映させることがマーケティングの重要な使命です。

さらに、製品化のメドが立った製品の〝顔〟をどのように打ち出すかが製品の成功を大きく左右します。市場が反応するようなネーミング、特徴の打ち出し方、パッケージングなどの巧拙が製品の売上に大きく影響を及ぼします。

(2)「売れる価格」を見つける：Price（価格）

製品の持つ価値を金銭的価値に〝翻訳〟した

図表4-6
ターゲット設定型プライシング

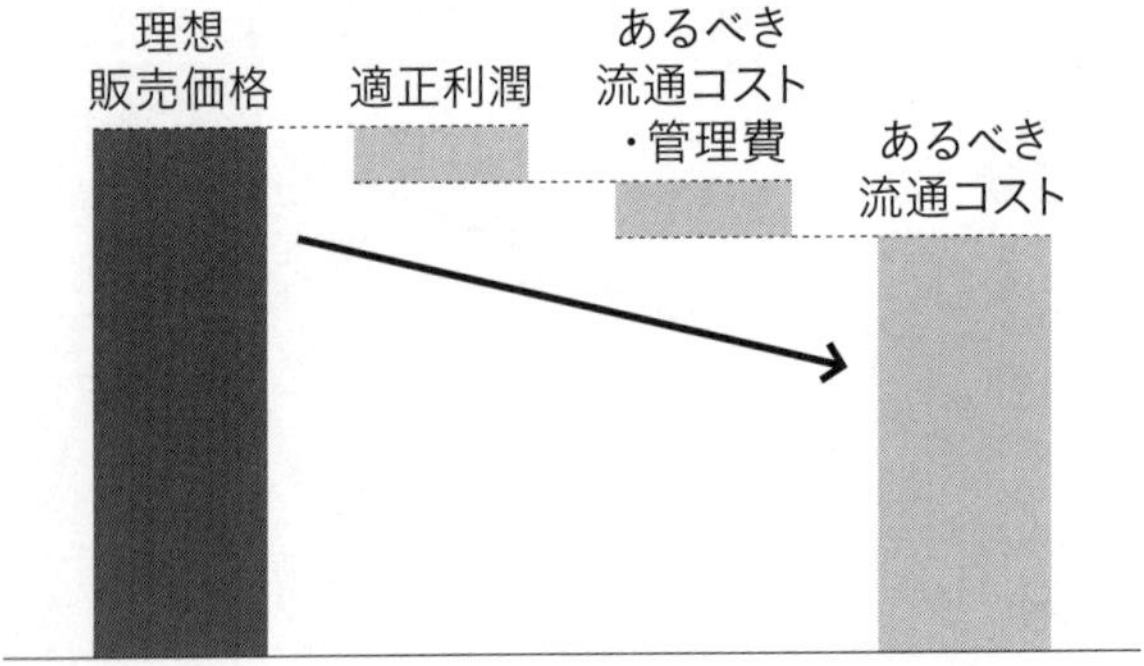

ものが価格です。顧客や消費者は製品やサービスの付加価値と価格を比べ、最終的な購入の判断をします。

価格設定を行うアプローチとして、コスト積み上げ型とターゲット設定型の2通りがあります。コスト積み上げ型では、まさにかかったコストを積み上げ、その総コストをもとに価格を設定します（図表4－5）。公益性、公共性の高い電力や鉄道などの事業ではこうした考え方がベースになっています。

一方、ターゲット設定型とは、「この価格なら売れる」という理想的な価格を市場調査などで設定し、価格付けを行うものです（図表4－6）。単純にコストを積算するのではなく、理想の価格を思い描き、その実現のためにコスト

図表4-7
価格弾力性

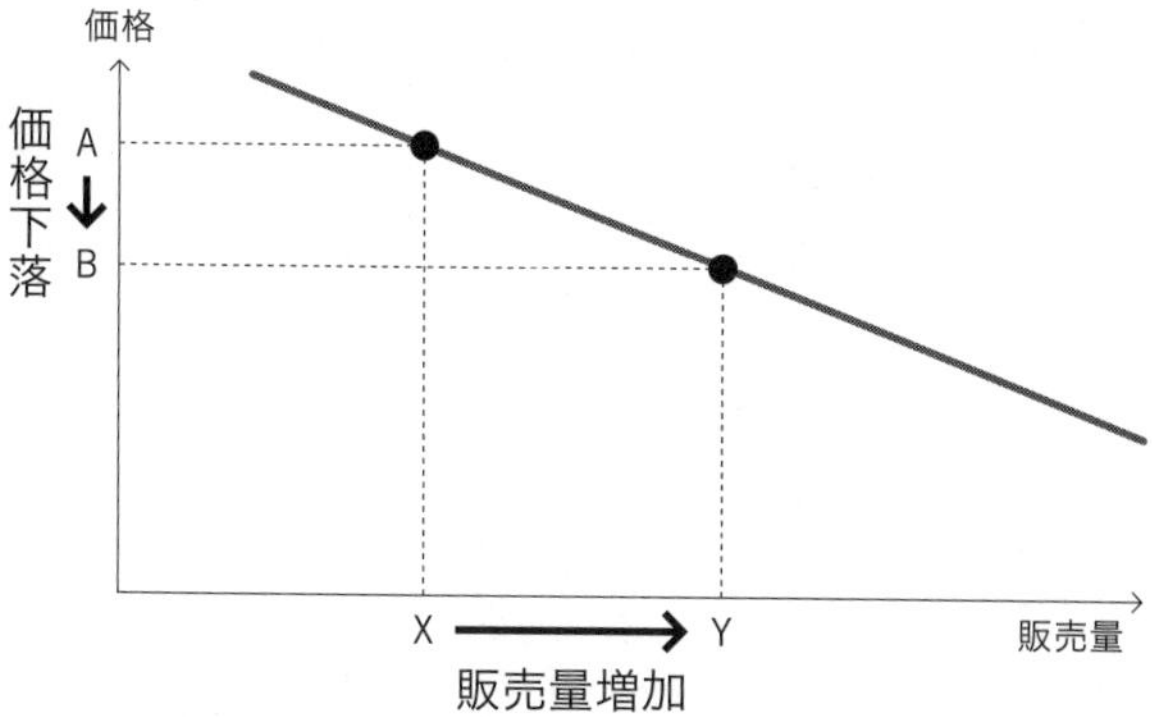

削減などの企業努力が求められます。

シャープは電卓や液晶などの商品において戦略的な価格設定をした好例として知られています。どちらの商品も製品開発負担や設備投資が重く、市場がまだ立ち上がっていないステージでは高価格設定になりがちです。しかし、シャープは規模の経済や成熟曲線を念頭に、市場を〝創る〟ための戦略的な価格設定を行い、市場の拡大、製品の浸透化、マーケットシェアの獲得に成功したのです。

価格を理解するうえで、もうひとつ重要なポイントは「価格弾力性」です（図表4－7）。これは価格の変化と需要の変動についての関係性を説明するものです。一般には、価格を安くすればもっとたくさん売れると考えがちですが、そのインパクトの大きさは製品やサービスの特性によって異なります。価格を下げれば需要が大きく伸びるものもあれば、ほとんど変わらないものもあります。

価格弾力性が小さい、すなわち価格を変更しても需要が大きく変化しない商品としては米や野菜などの生活必需品が挙げられます。一方、価格の変更が需要変動に大きく影響を及ぼす価格弾力性の大きなものとしては、宝飾品などの高価な贅沢品が挙げられます。

また、製品やサービスによっては価格と需要の関係が需給関係によって時々刻々と変化するものもあります。航空業界は繁忙期と閑散期の違いがきわめて大きな業界です。年末年始、夏休み、ゴールデンウィークなどの需要のピークがある一方、人が移動しない季節、時間帯には供給が需要を上回っています。ある所からある所へ移動するという機能的価値そのものに違いはないのですが、その需要の大きさによって航空券の持つ付加価値に大きな違いが生まれてくるのです。

自由競争が進展している米国の航空業界では、需要動向によって価格が時々刻々と変動するリアルタイム・プライシングというしくみが導入されています。同じ路線でも、昼間の価格は相対的に高いが、早朝は大幅に割り引かれるなど、価格を戦略的、弾力的にコントロールすることによって全体の総収入を最大化させるための取り組みと理解することができます。

(3) 企業と顧客をつなぐパイプライン：Place（流通）

いくら付加価値の高い製品やサービスを開発し、魅力的な価格設定を行っても、顧客や消費者が容易に手に入れることができなければ意味がありません。流通とは企業とマーケットをつなぐ〝パイプライン〟をつくることと言えます。

日本経済を支えてきたトップ企業の多くは、独自の強大な流通網を整備することで成長してきました。トヨタ自動車、パナソニック、資生堂、コクヨなどそれぞれの業界のトップに君臨する企業は、流通の強さが大きな優位性の源泉であったことは間違いありません。パナソニックの創業者である松下幸之助氏は、蛇口をひねると潤沢な水が得られるように家電製品を日本全国津々浦々に行き渡らせる「水道理論」をもとに、独自の販売網を整備してきました。メーカーの販売代理を行う流通ネットワークが企業の競争力に直結していたのです。

しかし、流通は劇的な変化を遂げています。消費者に近い小売業者が台頭し、メーカーの息のかかった流通網の相対的な位置付け、力が弱くなっています。家電製品においても、大手の量販店が店舗を全国に拡大し、メーカーの息がかかった街の家電ショップをどんどんと駆逐しています。

これまで日本の流通は問屋と呼ばれる卸売業者や二次卸、そして小売業者を経て消費者へモノを届けるという多階層のパイプラインが一般的でした。しかし、多階層チャネルはそれぞれのプレーヤーがマージンを上乗せし、高コストになりがちです。インターネットの普及もあり、「中抜き」と呼ばれる流通構造の簡素化、低階層化が進行しています。もちろんすべての製品やサービスにおいて、企業と顧客・消費者が直結するわけではありません。顧客のセグメントごとの特性やニーズ、事業としての効率性、地域事情などを勘案しながら、複数の最適なチャネルをミックスさせるチャネルの再設計が求められています。

(4)「買う」という行動を引き起こす：Promotion(販促)

市場とのパイプラインをつくり、顧客や消費者が製品・サービスを入手できる環境を整えても、製品・サービスが認知され、その特徴が伝わっていなければ、購買行動にはつながりません。自社製品のよさをアピールし、具体的な「売り」につなげていく施策が販促です。

図表4-8
AIDMAモデル

販促を考えるうえでは、消費者が購買行動を起こすステップを理解しなければいけません。それをＡＩＤＭＡモデルと呼びます（図表４－８）。通常、消費者はある製品やサービスに注意を払い（Attention）、興味を持ち（Interest）、欲しいという欲求が喚起され（Desire）、その欲求が記憶（Memory）として形成され、最終的に購買行動（Action）につながります。こうしたステップを理解したうえで、合理的な販促政策をとることが重要です。

販促というと、ＴＶや新聞・雑誌といった媒体を使った広告・宣伝に目が行きがちですが、広告・宣伝は販促の一部にすぎません。販促は流通チャネル向けのものと、

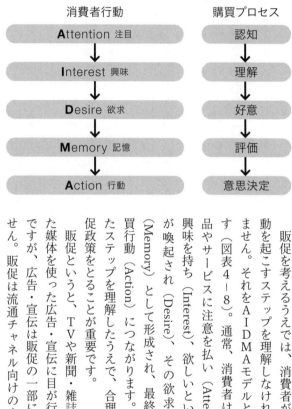

消費者向けのものとに大別できます。流通チャネル向けとしては、報奨金やバックリベートといった金銭的なメリットの提供、店頭での販売協力、ディスプレー（陳列）提案、展示会への協賛などが挙げられます。いずれも流通業者が自社製品をより強く推奨してくれることを期待した販促活動です。

一方、消費者向けとしてはチラシやカタログなどの販促資料配布、店頭でのデモやPOP、試乗会や試飲会などの体験キャンペーンなど、消費者にダイレクトにアピールする施策が挙げられます。

媒体を使った広告・宣伝は、流通チャネル、消費者の両方にインパクトをもたらす活動と言えます。消費者への直接的なアピール効果はもちろんですが、大量の広告・宣伝を流すことによって、流通チャネルがその効果を期待してより大きく扱ってくれることにもつながります。

(5) 市場と消費者中心の４Cへ

４Pはマーケティングを考えるうえできわめて有効な枠組みですが、ともすると消費者不在になりがちです。製品やサービスを市場に送り込むことだけに目が行ってしまい、市

図表4-9
4Pと4C

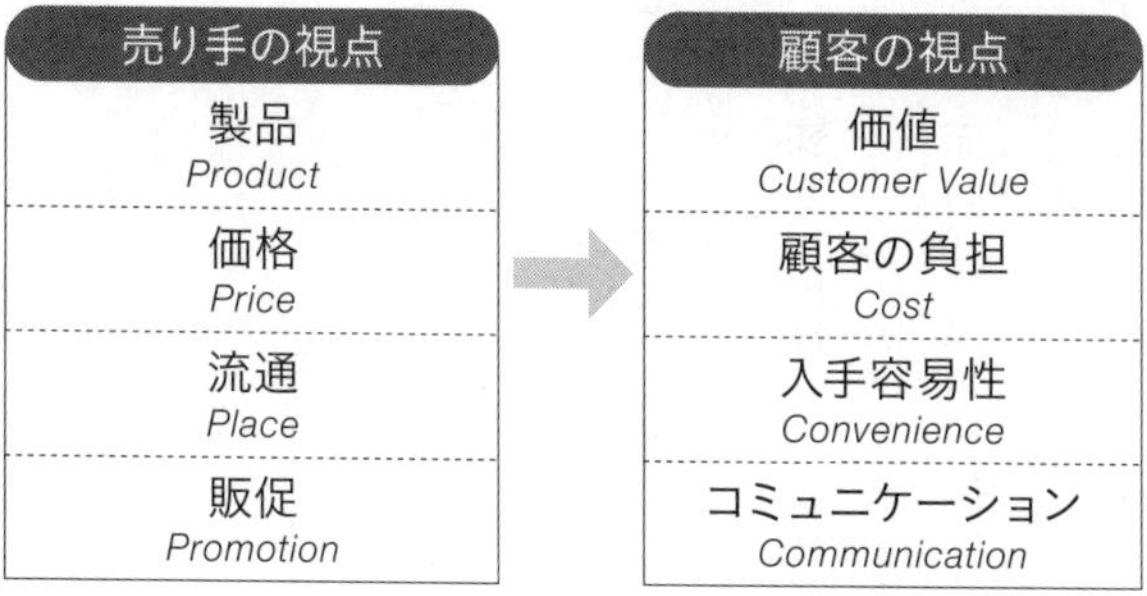

売り手の視点	顧客の視点
製品 Product	価値 Customer Value
価格 Price	顧客の負担 Cost
流通 Place	入手容易性 Convenience
販促 Promotion	コミュニケーション Communication

場や消費者の目線が失われてしまいます。

　供給者の論理に陥らず、常に市場や消費者の視点を確保するために有効なのが４Ｃの発想です（図表４－９）。４Ｃとは「顧客にとっての価値」（Customer Value）、「顧客のコスト負担」（Cost to the Customer）、「入手容易性」（Convenience）、「コミュニケーション」（Communication）で、４Ｐを顧客の視点から捉えたものと言えます。

4 「サービス・マーケティング」という考え方

(1) そもそも、「サービス」とは？

日本ではサービス化社会が進展しています。ＧＤＰ（国内総生産）に占めるサービス生産額、サービス産業（第三次産業）就業者数はどちらも60％を超え、また製造業においても付加価値としてのサービス事業の拡大が進められています。

サービスはその内容が多岐にわたりますが、「人」に対するものと「所有物」に対するものとに大別できます。人に対するものとしては、交通機関、医療、教育、観光、飲食、理美容、冠婚葬祭、放送、広告などが挙げられます。一方、所有物に対するものとしては、輸送、修理、倉庫、清掃、金融、法律などが挙げられます。

こうした多面的な広がりを持つサービスは、製品（モノ）とは異なる特性を持っています。その特性とは次の４つに集約されます。

●**無形性**　サービスは目に見える形がなく、触ることができない

●**不可分性**　サービスは生産と消費が同時に行われ、分割することができない
●**変動性**　サービスはその品質が一定せず、バラツキが生じやすい
●**消滅性**　サービスは生産されたその場で消費され、そのつど消えてしまう

サービス・マーケティングを行う際には、これらの特性を理解したうえで具体的な施策を立案、実行する必要があります。

(2) サービス・マーケティング成功のポイント

製品（モノ）とは異なる特性を持つサービスのマーケティングを成功させるためには、次のようなポイントが挙げられます。顧客、企業、従業員が三位一体のトライアングルを形成することによって、顧客価値の最大化を目指すことが重要です。

①口コミの活用

自分の目で見て、触ることのできない無形のサービスは、絶対的な判断基準の設定が困難です。購買前に顧客が判断する重要な要素として、他の顧客の経験談に基づく口コミがきわめて重要な要素となります。

②圧倒的な満足度がファンをつくる

無形のサービスにおいては、顧客の期待値を超える品質や価値を提供し、「サプライズ」（驚き）や「感動」を与えることが重要です。競争相手と同程度のサービスでは、顧客は十分な満足を得ず、容易に同業他社へスイッチする可能性が高いと言えます。

③従業員満足が顧客満足を生む

サービス業では現場におけるサービスの品質が競争力を規定します。サービスを提供する従業員の志気とスキルの高い企業が高い顧客満足を実現します。顧客満足度（CS：Customer Satisfaction）を向上させるためには、従業員満足（ES：Employee Satisfaction）を確保する努力が不可欠です。

5　さらに顧客に近づくマーケティングへの進化

(1) ロイヤルティーの高い顧客をつくる：CRMと顧客生涯価値

高度成長期のように需要が供給を常に上回っている時には、マーケティングは比較的シンプルでした。市場が求めているものが明確で、そうした製品やサービスを効率的に市場に行き渡らせることがマーケティングの主たる役割だったと言えます。

しかし、市場が成熟し、需要が飽和してくるとそう簡単にはモノやサービスは売れなくなります。顧客の求めているものが見えなくなり、しかもその隠されたニーズは多様化しています。

そうした環境下で求められているのが、CRM（Customer Relationship Management）という考え方です。これは従来の「市場」（マーケット）という発想から「顧客」（カスタマー）という発想へ転換し、顧客との関係性を構築、維持することによって、顧客満足度（CS）を高め、ロイヤルティー（忠誠心）の高い顧客を生み出そうとする考え方です。

ＣＲＭにおいて重要なカギとなるのが、「顧客生涯価値」（ＬＴＶ：Life Time Value）という考え方です。これは顧客ひとりがその企業に対して一定期間内にもたらす価値、すなわち利益の総和を指します。顧客を一過性の「購買者」として捉えるのではなく、長い期間お付き合いしていただく「ファン」であると考えることが重要です。

そのためには、継続的に顧客に選ばれ続けるマーケティング施策の展開が不可欠です。顧客の単発的なニーズを理解するだけでなく、顧客がどのようにモノやサービスを購入するのかの購買プロセスを理解したり、顧客の性別、年齢などのデモグラフィックなデータだけでなく、趣味などの嗜好性や家族構成などを理解するといった、より突っ込んだ顧客理解が必要となります。

そのことによって、顧客の琴線に触れるようなサービスを提供することが可能となり、他社とは差別化されたマーケティングの展開が可能となります。満足した顧客は忠誠心を高め、個別の製品やサービスに対してではなくその企業のファンとして継続的に選択をするようになるのです。

もちろんそのためには、顧客を理解するためのデータベースなどのＩＴ投資や個別のマーケティング施策に対するコストが発生しますが、不特定多数に無差別的にマス・マーケティングを展開するより、ＣＲＭによって忠誠度の高い顧客を生み出す方が投資収益率は高いといった分析結果も出ています。

(2) 顧客との相互のやりとりで新たな価値をつくる

製品やサービスの開発においても、ＣＲＭの発想による展開が増えています。これまでのマーケティングは、顧客のニーズを市場調査などを通じてつかみ、そのニーズに合致した平均的な製品やサービスを開発、提供することに主眼が置かれていました。高度成長の時代において、顧客のさまざまなニーズがまだまだ満たされていない段階では、オーソドックスな市場調査でも顧客のニーズをつかむことは比較的容易だったと言えます。

しかし、市場が成熟し、モノやサービスがあふれ、物質的な豊かさがある程度行き渡った現在では、従来のような一般的な市場調査などを行っても顧客の潜在的なニーズを掘り起こすことは難しくなってきています。

そうしたなかで新たなマーケティング手法として注目されているのが、「インタラクティブ・マーケティング」です。インタラクティブとは「相互に作用し合いながら」という意味です。顧客との双方向のやりとりを繰り返しながら、顧客の見えないニーズを探り出し、製品やサービスを開発、提供する手法です。

旭化成の住宅事業は「ヘーベルハウス」というブランドとして有名ですが、二世帯住宅においては独自の強みを持っています。住宅メーカーとしては後発ですが、二世帯家族に的を絞り、どのような暮らしぶりなのか、それぞれの家族は現在の住環境や暮らしぶりにどのような不満を持っているのかを顧客とともに考えながら、そうした不満を解消する商品コンセプトを開発しています。

そのために二世帯住宅研究所を設立し、二世帯家族の生活にまで入り込んで、その暮らしぶりを研究しているのです。息子夫婦と暮らす家「DUO」、娘夫婦と暮らす家「DUET」などのヒット商品はこうした地道な活動から誕生したのです。

その際重要なのが、新たな発想で顧客のセグメンテーションを考えることです（図表4－10）。従来であれば、「その顧客は収益をもたらしてくれるかどうか」が最も重要な軸でしたが、インタラクティブ・マーケティングではさらに加えて、「その顧客から学習することができるかどうか」が重要な判断基準になります。収益的には儲からなくても、製品やサービスの開発面でいろいろなヒントや知恵を授けてくれる顧客を重要視し、戦略的に

図表4-10
新たな顧客の捉え方

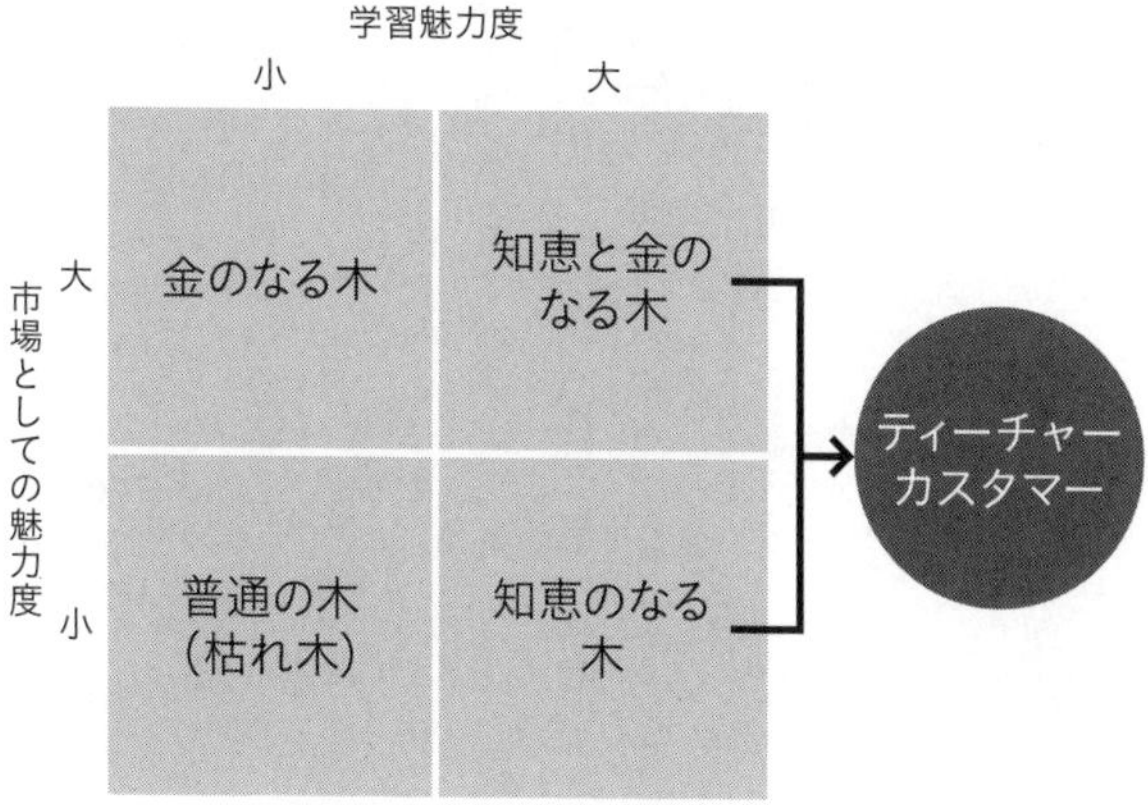

囲い込む必要があります。

こうした顧客を「ティーチャー・カスタマー」と呼びます。カスタムICなどの半導体大手、テキサス・インスツルメンツ（TI）はそれぞれの業種分野ごとにティーチャー・カスタマーを定め、製品開発への助言や共同開発なども含めた長期的な関係を結ぶことによって、競合相手に先行する製品開発を行っています。

(3) 一人ひとりのニーズを満たすワン・トゥ・ワン・マーケティング

マーケティングにおけるセグメンテーションを究極まで推し進め、顧客一人ひとりのニーズを満たすことを目指す手法を「ワン・トゥ・ワン・マーケティング」と言います。不特定多数を相手にするマス・マーケティング、ある特定のセグメントを相手にするセグメント・マーケティングに対して、まさに「1対1」のマーケティングを行う手法です。究極のCRMと言えます。

生活が豊かになり、消費者のニーズが多様化してきたため、顧客一人ひとりのニーズを探り、満たしていくことが重要となり、そのことによってロイヤルティーの高い顧客基盤をつくることが可能となります。この手法はデータベース、ネットワーク、テレコミュニケーションなどのITの発達により可能となりました。

百貨店業界では、お得意様の属性や購買履歴をデータベース化し、関連商品やサービスの情報の提供、誕生日の際のプレゼントなどを行っています。顧客の「顔が見える」マーケティングを展開することによって、その成功確率は高まり、顧客のリピーター化につながっていきます。

ワン・トゥ・ワン・マーケティングの展開に際して留意しなければいけないのが、個人情報に対するセキュリティの問題です。プライバシー侵害や個人データの漏洩などがないようセキュリティに対する厳格な管理体制を敷くことが必要です。

6 マーケティングの新たな潮流

(1) 「モノ」ではなく「コト」を売る：エクスペリエンス・マーケティング

市場が成熟化し、「モノ」が売れないと言われるなかで、「モノ」ではなく「コト」を売るという発想が重視されてきています。「コト」というのは「モノ」を買い、所有、使用する際の「経験」のことであり、「エクスペリエンス・マーケティング」と呼ばれています。

この考え方を提唱し、広めたのは、コロンビア大学ビジネススクールのバーンド・H・シュミット教授です。シュミット教授は製品やサービスそのものの持つ物質的、金銭的価値ではなく、その利用経験を通じて得られる感動や満足といった心理的、感覚的価値こそが重要であると主張し、「経験価値」という概念を提唱しました。

具体的には、SENSE（感覚）、FEEL（情緒）、THINK（知性・好奇心）、ACT（行動）、RELATE（他者との交流）という5つの経験領域において、顧客の満足や感動を生み出すことがマーケティング上の大きな差別化になると位置付けられています。

例えば、アップルのｉＰｏｄは「経験価値」の演出に成功した代表例と言えるでしょう。それまでの携帯音楽プレーヤーの価値は「音楽を聴く」ことにありましたが、ｉＰｏｄはネットワーク機能が充実し、自分の好きな楽曲を好きな時にダウンロードし、カスタマイズできるという「経験価値」を大きく向上させたのです。

スターバックスもコーヒーという商品価値に加えて、コーヒーを飲む快適な空間を演出し、「経験価値」を提供することで成功しました。「コーヒー・エクスペリエンス」と呼ぶ洗練されたスタイルを提供することによって、顧客は高い満足を獲得し、他のコーヒーショップよりも高い価格を支払うことが正当化されるのです。

従来の「４Ｐ」というマーケティングの枠組みを超えた「経験価値」という概念は、成熟市場においてとても効果的と言えます。

(2) 顧客自らが企業にアクセス：インバウンド・マーケティング

フェイスブック、ツイッター、ユーチューブなどのソーシャルメディアの進展により、これまでのマーケティングの概念を根底から変えるようなマーケティングアプローチも生まれてきています。そのひとつが「インバウンド・マーケティング」です。

従来のマーケティングは「アウトバウンド」、すなわち企業側から消費者へという「外に向かう」マーケティングが主流でした。大量の広告を流したり、ダイレクトメールを送付したり、いきなり営業電話をかけたりするという古典的なアプローチはすべて「アウトバウンド」です。

それに対し、「インバウンド」は「外から内に向かう」、つまり顧客から企業へアプローチするという考え方です。興味のある消費者が自ら検索したり、ソーシャルメディアを駆使して調べてくれたりすることを信じて、さまざまな施策を講じることを「インバウンド・マーケティング」と呼びます。

キーワードは「見つけてもらう（Get found）」です。さまざまな選択肢を持つ消費者に見つけてもらいやすくする環境を整え、見つけてもらう、選んでもらう工夫を講じることが大切になっています。

例えば、ユニクロはホームページ上でフェイスブック連動型のファッションコミュニティ「UNIQLOOKS」というサイトを立ち上げました。これはユーザー自身が自分の着こなしを投稿し、写真をストックしたりコメントを書いたりし、ユーザー間のコミュニケーションを促進するサイトです。
商品を宣伝するのではなく、消費者に自分に合った着こなしを「見つけてもらい」、それによって商品の販売につなげていこうとしているのです。

(3) ビッグデータ分析で新市場を生み出す

2012年に開催されたロンドンオリンピックは、「史上初のソーシャルメディア五輪」と呼ばれました。観客が観戦しながらツイッターを駆使し、「つぶやきながら観戦する」という新しい楽しみ方が生み出されました。五輪期間中の「つぶやき」の回数は計1億5000万回。ジャマイカのウサイン・ボルト選手が陸上男子200m決勝で金メダルを獲得した時の1分間の「つぶやき」は計8万回に上りました。

2008年の北京オリンピックの時には想像もできなかった現象です。それほどソーシャルメディアは私たちの生活に深く入り込んでいます。

ビッグデータとはフェイスブックやツイッターなどのSNS（Social Networking Service）の普及やコンピュータの処理速度の向上などに伴い、生成される大容量のデジタルデータを指します。なかでも、ＳＮＳは文字情報だけでなく音声や写真、動画などさまざまなデジタルデータがサーバー上に蓄積され、これまでとは比較にならないほどの膨大な量のデータが日々生まれています。

こうしたデータは数百テラ（１テラは１兆）バイト以上と言われ、ＩＴ専門調査会社ＩＤＣによると２０２０年には40ゼタ（１ゼタは１兆の10億倍）バイトになると予測されています。

こうしたビッグデータは企業経営のあり方、なかでもマーケティングの考え方やアプローチを大きく変えようとしています。例えば、アマゾンや楽天などのオンラインショップでは、顧客のこれまでの購買履歴やアクセス情報などのビッグデータをもとに、その顧客に合ったお薦め商品を表示し、売上の拡大を狙っています。

膨大なデータを資産として活かすことで、これまでは見えなかった顧客の購買嗜好や購買行動を分析し、よりきめの細かいマーケティングにつなげていくことが可能となったのです。

また、ビッグデータにはＧＰＳによる位置情報やセンサーを通じた健康情報なども含まれるため、こうしたデータを活用した新たな事業の創造にもつながる可能性があります。

さらには、走行データを活用して交通事故を減らしたり、犯罪を減らすために予測警備を行ったりするなど、社会的な課題を解決する糸口がビッグデータから生まれてくることもありえます。

NTTドコモは車から集める位置や速度などの走行情報を提供するサービスを2014年から開始すると発表しました。これらのビッグデータを入手することで、カー用品販売会社は部品交換の時期を予測し、通知することが可能になります。また、損害保険会社は事故時の迅速な駆けつけサービスを行うことができるようになります。

膨大なデータが手に入るようになった今、それを活かす知恵によって新たなサービスや新事業の創出につながるのです。

7　ブランドを育て、活かす

(1)「単なる知名度」はブランドではない：ブランド・マトリクス

ブランドとは一般には個々の企業や製品に付けられている固有名詞であると理解されています。しかし、低成長、成熟化した市場においてブランドは単なる〝名前〟以上の重要性を持っています。顧客はブランドを通じて、その企業や製品に信頼感や好感度、先進性などのイメージを抱くようになり、それが顧客の再購入や価格プレミアムにつながっていきます。

ブランドをより体系的に理解するフレームワークが、「ブランド・マトリクス」です（図表4－11）。ブランドを考えるうえでまず重要なのは、その対象がマス・マーケットなのか、それとも特定のセグメントを狙ったものであるのかを規定することです。そして、もう一方の軸として、その企業や製品の持つアピール力、すなわちブランド価値の大きさを考える必要があります。

図表4-11
ブランド・マトリクス

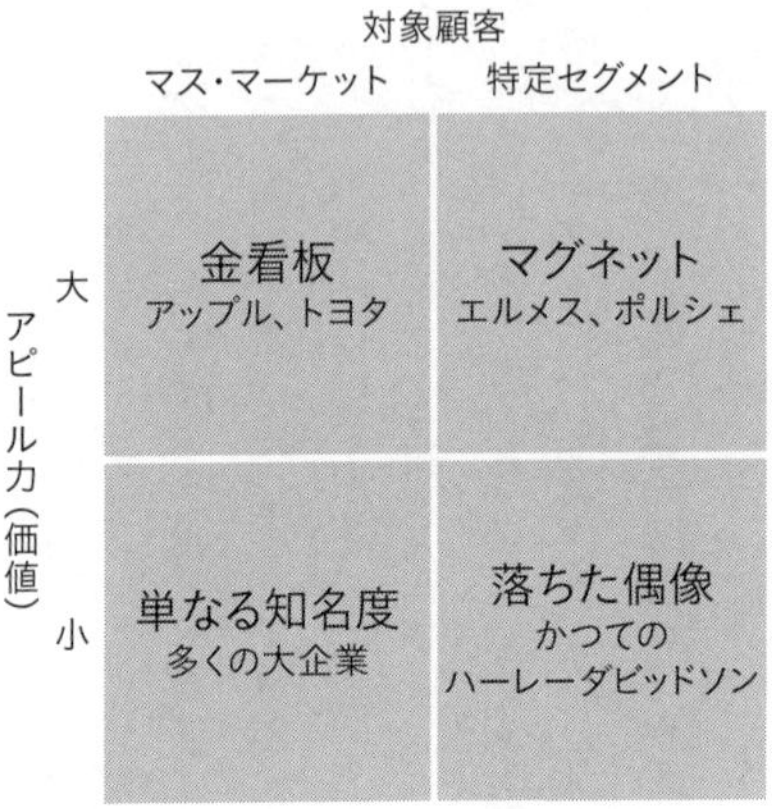

狭義のブランドとは「ある特定のセグメントに対して絶対的なアピール力のある価値」を指します。この分類に属する企業や製品を「マグネット」と呼び、きわめて吸引力の強いブランドと言えます。エルメスやポルシェといったブランドは決してマス・マーケットを対象にしたものではなく、特定の価値に共鳴するセグメントを狙い、独自のコミュニティの形成に成功しています。

過去において独自のコミュニティを創出することに成功したが、その維持、進化に失敗し、アピール力を失ってしまったものを「落ちた偶像」と呼びます。本章の冒頭のミニケーススタディで紹介したハーレーダビッドソンも1990年代は過去の栄光だけにしがみつく「落ちた偶像」だったと言えます。

一方、マス・マーケットを意識して、高いアピール力を確立している企業や製品も存在します。こうしたカテゴリーを「金看板」と呼び、アップルやトヨタ、コカ・コーラなどがその例として挙げられます。特定のセグメントを強く意識した「マグネット」とは異なり、マスのマーケットを念頭に置いたイメージ戦略、製品戦略がその根底にあります。絶大な信頼感や安心感、技術力などがこのカテゴリーの重要なブランド価値となります。

そして一番厄介なのが、マスを意識しているもののアピール力の弱いカテゴリー、すなわち「単なる知名度」に属している企業や製品です。名前こそ知られていますが、アピール力に乏しく、顧客のロイヤルティーや価格プレミアムに結びついていないケースと言えます。

持続性の高い優位性を構築するということは、ブランド戦略を通じて「マグネット」か「金看板」というパワー・ブランドの確立を目指すことでもあるのです。

(2) ブランドの構造

企業におけるブランドはひとつとは限りません。企業自体の持つブランド（コーポレート・ブランド）、複数の製品群を括るブランド、個々の製品のブランドなどさまざまな組み合わせが考えられます（図表4－12）。どのような組み合わせがよいのかは製品の特性

図表4-12
ブランド構造

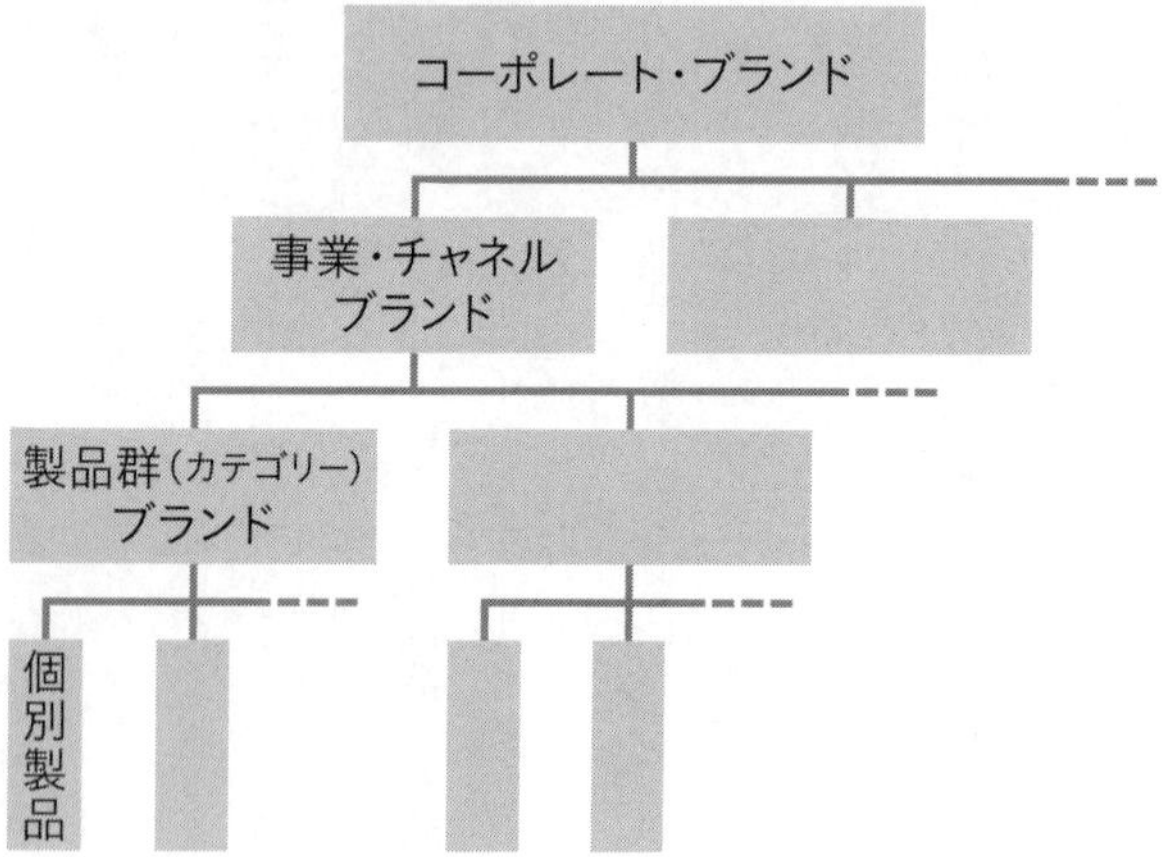

やそれぞれの企業の戦略によって異なります。ブランドの構造を理解したうえで、最適なブランド・マネジメントを行う必要があります。

コーポレート・ブランドとは企業自体の名前がブランドとして認知され、よいイメージ、高い評価を受けることにつながります。トヨタというブランドが〝信頼〟の証であったり、アップルが斬新や革新のイメージを持たれたりしているのはまさにコーポレート・ブランドが確立している好例と言えます。P&Gは個々の製品のCMの最後に「P&Gの製品です」ということをアピールしています。これは「エンドースメント」（Endorsement：裏書き）と呼ばれ、P&Gが作った製品であることを伝えることによって、個々の製品の信頼性を強調していると言えます。

企業内の事業単位がブランドとして認知されているものを「事業ブランド」と呼びます。かつての富士重工の「スバル」などがそれにあたり、同社は2017年4月に社名も「SUBARU（スバル）」に変更しました。

最近では企業や事業の売却・買収が日本でも一般化されつつあり、買収した事業のブランドをそのまま残すケースが増えています。これは個々の事業の持つブランド価値を活かそうとする戦略であると理解できます。

事業ブランドとは多少異なりますが、「チャネルブランド」という流通網をベースにしたブランド構築もあります。トヨタ自動車はトヨタ、トヨペット、カローラ、ネッツ、ビスタという5つのチャネルを競わせることで日本における圧倒的な地位を築いてきました。市場の変化に対応して、ネッツとビスタを統合したうえで、レクサスというプレミアム・チャネルを導入するなどチャネルブランドを戦略的に活用しています。

ひとつのコア製品を中心に派生製品を開発し、製品群としてバリエーションを持たせたものを「製品群（カテゴリー）ブランド」と呼びます。核になるヒット商品の持つブランド力を最大限に活かし、多様性のある製品を提供することによって製品群としてのブランド価値を高めることが可能になります。コカ・コーラやマイルドセブンといった製品は単一製品としてではなく、バラエティーを持った製品群として認知されています。

ブランド構造の原点にあるのが個々の製品単体としての「製品ブランド」です。ユニークな価値を持つ製品をブランドとして磨き上げていくことが、マーケティングの究極の役割と言えます。

(3) ブランドの大衆化

ブランドは製品やサービスに対する顧客のロイヤルティーを高め、価格プレミアムにつながるため、企業経営においてもますますその重要性が高まっています。しかしその一方で、ブランドというのは「空気」のようなもので、なかなか実体がつかみにくいというのも事実です。ブランドを世の中のはやりすたりのようなものとして捉えていたのでは、かえってブランドに振り回されることになってしまいます。

トヨタ自動車では「ブランドはお客様の心の中にある」と考えられています。しっかりしたモノづくりを愚直にやり続けることが、結果としてブランド構築につながっていくと考えられているのです。

　ブランドの持つ落とし穴のひとつに「ブランドの大衆化」があります。目新しい製品やサービスが開発され、きわめて洗練されたマーケティング戦略の展開によって価値の高いブランドが確立されます。しかし、その後の成長戦略によって、誰にでも手に入るような状態になった途端、そのブランド価値が急速に薄らいでしまうのです。急成長して、爆発的なブームをつくったユニクロやスターバックスなどが一時期この落とし穴にはまり、苦しみました。

　せっかく構築したブランドを活かし、拡大、成長しようとするのは企業として当然のことです。しかし、急激な拡大はせっかくつくり上げたブランドを陳腐化、希薄化させ、ブランド価値を低下させてしまうことがあることを念頭に置かなければなりません。

8 成長エンジンとしてのマーケティング

(1) マーケティングの進化

マーケティングという言葉は19世紀の終わりに生まれ、20世紀初頭に浸透し始めました。今では、マーケティングは経営において欠かすことのできない重要な機能となっています。しかし、その役割や内容は、時とともに大きく変化をしてきています。「マーケティングの父」と呼ばれるフィリップ・コトラー教授は、マーケティングコンセプトの変遷を次のように整理しています。

①マーケティング1・0（1900〜1960年代、製品志向）

産業革命により、世の中は大量生産・大量消費の時代へと移っていきました。その時代においては、「より安くすれば、より多く売れる」と考えられていました。企業が利益を最大化するためには、価格をコントロールすることによって需要を増やすことが必要でした。

このステージにおいてマーケティングミックス（4P）というフレームワークが生まれ、とりわけ製品（Product）と価格（Price）が重要な要素でした。

②マーケティング2・0（1970～1980年代、顧客志向）

1970年代に入ると、技術の発展により、製品が安価に作れるようになるとともに、競争も激化していきました。「作れば売れる」時代は終わり、競争に勝つためには買い手（顧客）にとって何が必要であるか、つまり「ニーズ」を知ることが重要になりました。

このステージにおいては、買い手を特性ごとに分類して捉えるセグメンテーションという考え方が浸透していきました。「セグメンテーション」「ターゲティング」「ポジショニング」という「STP分析」のフレームワークが生まれたのもこのステージです。

③マーケティング3・0（1990～2000年代、人間志向）

1990年代以降は、市場に商品があふれ、ますます競争が激化していきました。また、インターネットを活用したマーケティング活動も広がり始めました。

一方、企業の社会的責任にも注目が集まり始め、企業は利益を追求するだけでなく、環境問題や社会問題に対しても積極的に関与することが求められるようになりました。

このステージにおいては、ブランドが重視され、「ブランド・アイデンティティ」「ブランド・イメージ」「ブランド・インテグリティ」という「3iモデル」というフレームワークで企業や製品を評価するようになりました。

(2)「自己実現志向」のマーケティング4・0

2010年代に入ると、買い手の製品購入プロセスはさらに進化し、その変化に対応するために、コトラーは「マーケティング4・0」という概念を提唱しています。

消費者は単に製品価値を享受するだけでなく、自己実現のような精神的価値を満たす製品を求めるようになっています。その背景にはSNS（ソーシャル・ネットワーキング・サービス）の普及があることは言うまでもありません。消費者は自分が買った製品をSNSを通じて情報発信することが可能となり、企業は製品購入までのプロセスだけでなく、買い手の購入後のプロセスまで視野に入れて考える必要が出てきたのです。マーケティング4・0とは「自己実現志向」と呼んでもいいかもしれません。

コトラーはマーケティング4・0における顧客の購買プロセスを「5a理論」というフレームワークで説明しています。「5a」とは「認知（aware)」→「訴求（appeal）」→「調査（ask)」→「行動（act)」→「推奨（advocate)」という5つの段階を意味しています。「インスタ映え」という言葉に代表されるように、消費者は自分が購入した製品に関する情報や経験を自ら発信、共有するようになってきています。企業は単に製品をPRするだけでなく、消費者同士がお互いに推奨し合うような環境や場を整備することが大切になっているのです。

マーケティング4・0の代表例としてよく取り上げられるのが、ナイキ（NIKE）です。ナイキは各種スポーツ用品のトップメーカーとして世界的な人気を誇っていますが、それ以外にもスポンサー活動を精力的に行っています。同社のスポンサー活動は個人、チーム、大会などさまざまな形で行われていますが、そこに共通するのは世界トップクラスの選手、チーム、大会であるということです。

世界トップクラスと契約し、サポートすることによって、「ナイキのアイテムを使えば世界一の選手に近づける」「憧れのあの選手と同じユニフォームを着ている」という顧客の自己実現欲求を満たすマーケティングを効果的に展開しているのです。

マーケティングといえば、これまでは経営のひとつの機能として捉えられていましたが、今では企業の経営戦略やビジネスモデル、コーポレートブランディングなどと連動したより広い概念として捉えることが重要になっています。マーケティングとは会社の成長エンジンであり、経営そのものであるとも言えるのです。

第5章

戦略を実現する組織を設計し、運営する

——組織のマネジメント

ミニケーススタディ❹

外国人や外部人材を社長に登用する老舗企業

２０１３年11月、日本の医薬品メーカーの最大手である武田薬品工業は、衝撃的なトップ人事を発表しました。それは次期社長に同社の生え抜きではなく、グラクソ・スミスクラインの子会社社長だったフランス人のクリストフ・ウェバー氏を据えるという異例の人事でした。武田薬品は創業２００年を超える老舗企業ですが、外国人が社長に就くのは初めてのことです。

その背景には、同社が推し進めてきた買収戦略があります。武田薬品は２０１１年にスイスの製薬大手・ナイコメッド社を約１兆１１７０億円で買収。武田薬品の弱点である新興国における販売網を手に入れ、海外展開を加速させることが狙いでした。

しかし、期待した新興国売上は思うようには伸びず、また経費削減、人員削減も計画通りには進まず、その結果、２０１３年３月期は大幅な営業減益となってしまいました。こうした状況を打開できる人物として白羽の矢が立ったのがウェバー氏だったのです。

その翌月の２０１３年12月、化粧品国内最大手の資生堂が、次期社長に魚谷雅彦氏が就任すると発表しました。ウェバー氏同様、魚谷氏も資生堂生え抜きではありません。同氏は日本コカ・コーラで社長、会長を務めた外部の人材です。創業140年の歴史を持つ資生堂が、外部人材を社長としてスカウトするのは73年ぶり、2回目のことです。

資生堂は近年、さえない業績が続いていました。為替円安効果で海外販売は増収基調ですが、国内事業は構造的な減収が止まらず、新たな成長戦略が打ち出せていませんでした。こうした状況のなかで、「マーケティングのプロ」である魚谷氏に改革と成長を託したのです。

最近では、2020年10月に三菱ケミカルホールディングスがベルギー出身のジョンマーク・ギルソン氏を社長に据えると発表しました。

これまでの日本企業のトップ人事は、日本人、内部登用が暗黙の了解でした。しかし、内部登用や日本人にこだわっていたのでは、大胆で思い切った改革をスピーディーに成し遂げられないリスクもあります。

外部から経営トップを招聘するこうした動きは、内部人材や日本人だけに固執せず、大胆でダイナミックな変革を進めようとする日本企業の新たな方向性を示していると言えます。

1　競争に勝てる組織をつくる

(1) 戦略に沿った最適組織の設計

　企業は人間の集合体です。個の持っている力を最大限に発揮させ、さらには「個の足し算」よりも大きな力をチームとして発揮させるために必要なのが組織のマネジメントです。迅速で質の高い意思決定が行われ、効率的でスムーズな業務運営、部門間の協業が進むための最適な組織が設計される必要があります。

　米国の経営史学者、A・D・チャンドラーは「組織は戦略に従う」と語っています。多角化が進んだ米国の大企業に従来の機能別組織は適合せず、事業部制組織への移行が必要であると主張し、組織がどうあるべきかを規定するのはあくまで戦略であり、戦略の変更に合わせて組織は柔軟かつ最適に設計し直すべきであると述べています。

　世の中に完璧な企業組織は存在しません。世の中の変化、自社の新しい戦略に合わせて新しい組織を設計しても、その時点ですでに組織の陳腐化は始まっており、常に新たな組織問題が生まれます。しかし、だからといって年がら年じゅう組織を再編するのも問題があります。世の中の潮流を読み、自社の戦略の柱を明確にしたうえで、どのようにしたら持続的な競争上の優位性が構築できるのかを考え、最適な組織設計を行わなければなりません。

(2) ハード＝「構造」とソフト＝「運営」に分けて考える

組織設計は組織の「構造」というハード面と、実際に組織を回す「運営」というソフト面に分けて考える必要があります。

組織構造とは具体的な組織編成を示す「組織図」に加えて、それぞれの部署のミッション、責任、権限を明らかにしたものと理解することができます。組織構造を設計するためには、設計上の戦略的な〝軸〟を明確にすることが大切です。

軸としては機能、事業や製品、地域、顧客といったものが挙げられます。チャンドラー氏が指摘した例では、それまで機能こそが競争上の優位性を構築するための最も重要な軸だったのが、事業という軸に移ったことを示唆しています。

何を軸にすべきかはそれぞれの事業の特性や企業の戦略によって変わります。一般には効率性の最大化を求めるには機能軸、事業の育成を求めるには事業軸、より市場に密着した優位性を構築するためには地域軸、顧客軸と考えることができます。

組織の運営とは、実際に組織を回すための情報伝達の方法・手段、組織運営上のルール・ガイドライン、指揮命令系統の整備、情報共有や協業のための〝場〟の設定などが挙げられます。組織図というフォーマルなものだけでは、実際の組織は機能しない面があります。組織図というフレームワーク（枠組み）のなかで、人間の活動が実際に有機的につながっていくためのさまざまなしかけ、工夫が求められます。

(3) フラットでシンプルな組織を目指す

組織構造を設計する際には組織の階層をどのようにするかを考えなくてはいけません。組織は企業の成長とともに肥大化、複雑化する傾向があります。過度に階層をつくることによって、情報の伝達や意思決定に時間がかかってしまったり、責任が不明確になるなどのデメリットが発生します。

現在の組織の階層を減らしても業務上何の問題も発生しなければ、その間にあった中間管理職層はもともと不要であったと考えられます。組織のフラット化は中間管理職の役割や業務を問い直すきっかけにもなります。過度な重層構造を排除し、可能な限りフラットでシンプルな組織を目指すことが基本と言えます。

ただし、その一方で、フラットな組織では階層間で行われるはずの技術や技能の伝承が行われにくいといった問題点もあります。モノづくりの現場などではそれなりの階層があることによって、人材育成のためのきめ細かい指導が行われるといった利点を考慮する必要があります。

2 最適な組織構造を設計する

企業活動における組織構造の代表例として、機能別組織、事業部制組織、マトリクス型組織が挙げられます。

(1) 効率面で優れている「機能別組織」

開発、生産、営業などの機能をもとに編成するのが機能別組織です（図表5－1）。機能別組織編成を最初に考案したのはドイツで、企業活動を工務（研究、技術、生産）と商務（販売、財務）に分けたのが機能別組織の始まりと言われています。その後、フランスのファヨールによって、さらに細分化が進められ、技術、営業、財務、保全（財産と人員）、会計、管理の6つの機能に分化しました。

図表5-1
機能別組織

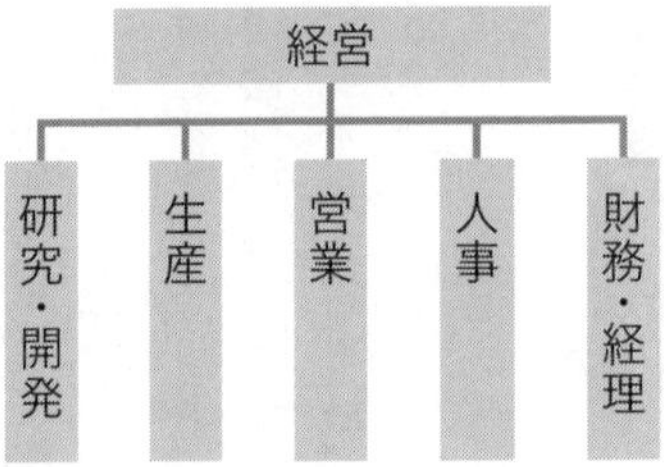

機能別組織は部門間での仕事や人員の重複がなく、経営効率の面で優れた組織構造と言えます。また、それぞれの機能ごとに専門化が進み、機能に長けた人材の育成、ノウハウの蓄積につながるというメリットもあります。

自動車メーカーの組織がその典型例と言えます。開発、調達、生産、販売、アフターサービスなどの機能ごとに組織が編成され、それぞれの役割を担っています。単一製品をつくっているようなメーカーに適した組織です。

その一方で、機能別組織は個々の機能がそれぞれの責任・権限のなかでの発想になりがちで、「部分最適の集合体」に陥ってしまうリスクがあります。また、機能の専門家の育成には向いていても、全体最適の視点を持ったゼネラル・マネジャーのような人材が育ちにくいというデメリットがあります。

図表5-2
事業部制組織

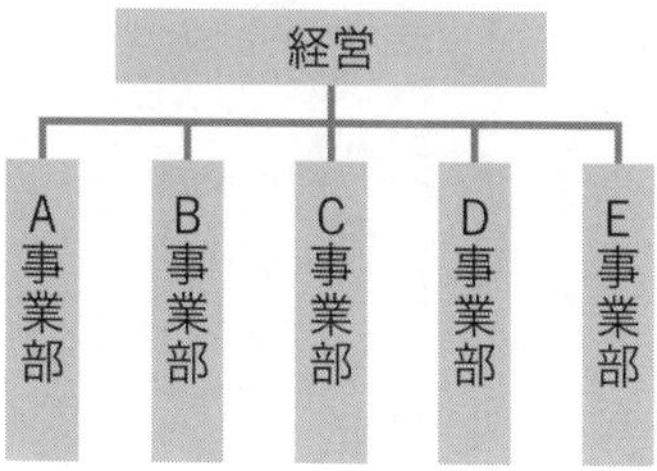

(2) スピードに優る「事業部制組織」

事業という単位を組織設計の軸にしたのが、事業部制組織です（図表5－2）。アルフレッド・スローンが米国の自動車会社、ゼネラル・モーターズ（GM）に適用したのが最初と言われています。GMは企業買収によって複数のブランド（事業）をあわせ持つ自動車会社となり、従来の単純な機能別組織ではうまく回らないという問題を抱えていたのです。

事業部制組織では、各事業部に権限委譲が行われ、自己完結的な事業運営を行います。事業部長は大きな権限を与えられる代わりに、組織の長として利益責任を負うことになります。責任の所在が明確で、迅速な意思決定も可能なため、組織としてのアクションもスピーディーになります。また、事業全体の成功が常に優先されるので、全体最適の視点を持ったゼネラル・マネジャーのような人材が育成されるという長所もあります。

ただし、機能や人員が重複するという非効率や事業部の論理が全社の論理に優先されがちであるというデメリットもあります。事業部の自立性を重視しながら、ひとつの会社としてのアイデンティティを確保したり、経営資源が分散しないような工夫が必要です。

(3) 機能別と事業部制を組み合わせた「マトリクス型組織」

機能別組織と事業部制組織を組み合わせたのが、マトリクス型組織です（図表5－3）。事業と機能の2つの軸をあわせ持った組織と言えます。

この組織で働くということは、ある事業部のメンバーであると同時に、機能別組織にも属しているという2つの顔を持つことが求められています。2人のボス（上司）、すなわち複数の命令系統のなかで仕事をすることになります。

図表5-3
マトリクス型組織

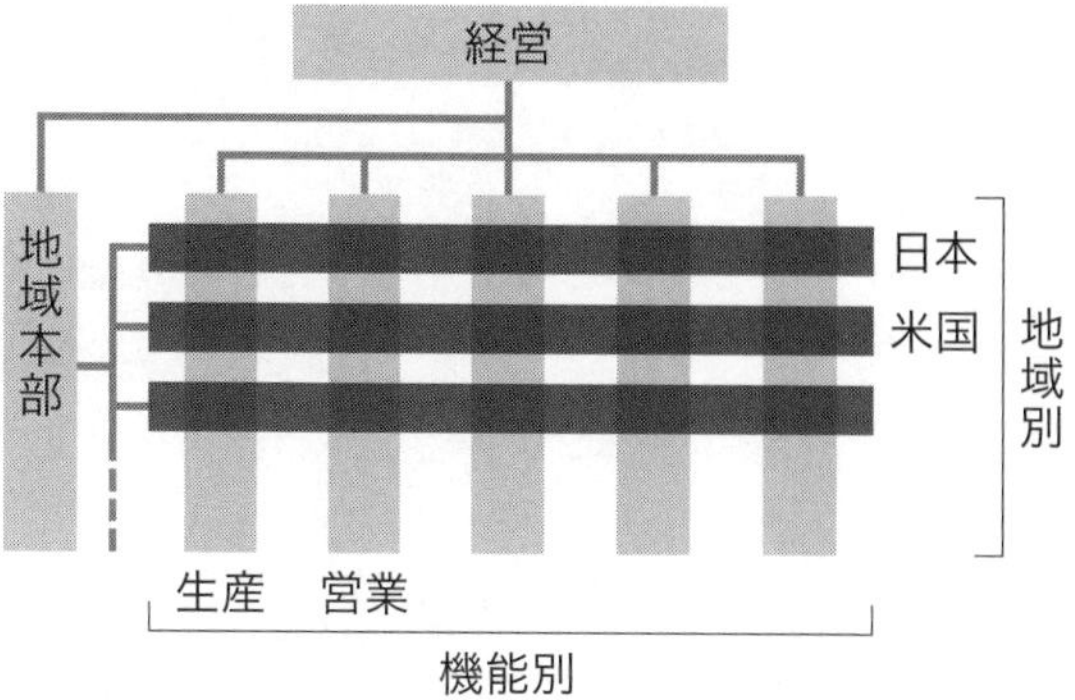

この組織がうまく機能すれば、情報伝達・共有がスムーズとなり、また事業と機能の双方に精通した人材が育成されます。しかし、その一方で責任や権限が曖昧になり、業務運営が複雑化するリスクが考えられます。

(4) 疑似分社を行う「カンパニー制」

事業部制を徹底的に推し進め、各事業部の独立性、自己完結性を高め、あたかもひとつの企業のように運営するのがカンパニー制です（図表5－4）。この組織の下では、全社統括を行うコーポレートから提示される指針に沿って、各カンパニーのトップ（カンパニー長、カンパニー・プレジデントなどと呼ばれます）には従来の事業部長以上の権限が与え

図表5-4
カンパニー制

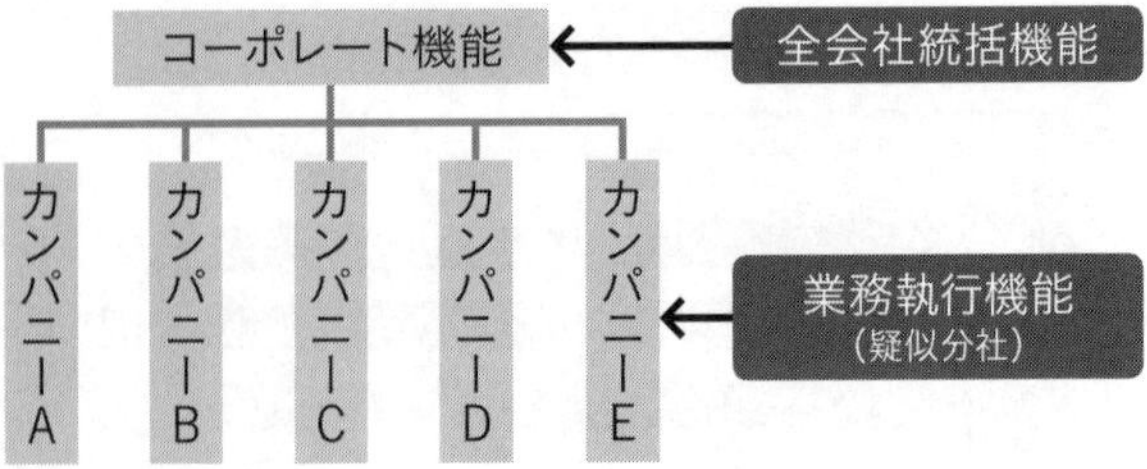

られ、より機敏で柔軟な意思決定、組織運営が行えるようになります。あたかも独立した会社を社内につくる「擬似分社」の形態です。

もちろん権限だけでなく、カンパニーごとの責任も大きくなります。損益計算書（P／L）だけでなく、貸借対照表（B／S）についての責任も負うことになります。カンパニーには本社から資本金も分与され（社内資本金制度）、資本に対する収益性の向上についても責任を負います。

3 国際化時代に求められる組織編成

企業活動は国境を越え、ますます国際化しています。成熟市場である日本にだけ依存していたのでは、大きな成長を遂げることはできません。

しかし、その一方で国際化にはリスクが伴います。商慣習や法律が異なり、地場に根付いた競争相手の存在する海外市場で成功するには、それなりのステップを踏んだ展開が必要です。一般には国際化の発展段階は次のステップを経て行われます。

①**国際化初期**　国内中心の事業から脱し、海外展開を開始する。ただし、海外の状況にはまだ精通しておらず、本社の管理が強い。

②**多国籍化**　海外の主要国での事業が定着し、海外現地に根付いた展開が行われる。主要ポストに現地人材を配備し、本社のコントロールは弱くなる。

③**地域本社制**　多国籍化は国ごとに柔軟な対応ができるというメリットがある一方、資源の効率的配分ができなかったり、事業管理面でも問題が発生しやすい。そこで、地

域という単位で最適な意思決定、資源配分、事業管理を行う。

④グローバル化　地球規模で経営効率や競争優位性の構築を目指す。その一方で、それぞれの地域、国による違いは尊重し、柔軟に現地対応を行う。トランスナショナル（超国籍）とも呼ぶ。

この発展段階を製造業に当てはめてみると、商社などを活用した間接輸出からやがて自前の販売会社を通じた直接輸出を行うのが「国際化初期」のステージと言えます。やがて、生産の現地化が始まり、主要国で製販機能が展開されているのが「多国籍化」のステージです。商品企画から販売・サービスまでの一連の機能が海外にシフトし、地域本社によって地域内での統括・管理が行われているのが「地域本社制」です。そして、各地域・国での活動を尊重しつつ、資源配分やブランド管理、人材育成などを地球的規模で行っているのが「グローバル化」です。

どのステージまで国際化を進めるべきかは、それぞれの事業の特性と各企業の海外戦略によって異なります。莫大な設備投資を必要とする鉄鋼などは、簡単に現地生産はできないため輸出中心の海外ビジネスが最も望ましい形態と言えます。一方、自動車産業は地域単位で開発、生産、販売などの各機能を統括・管理する形態を志向しています。

また、サービス業や製造業のなかでも食品などの嗜好品はそれぞれの市場ごとのローカル性が強く、現地に根付いた事業展開を柱にしながら、グローバルベースでノウハウを共有したり、人材交流を進めるなどの活動を行っています。

海外を視野に入れた事業展開は多くの企業にとっての共通課題ですが、その形態については一様ではないことを理解する必要があります。

4 メンバー全員で共鳴しながら行動するティール組織

(1) 組織モデルの進化の過程

すでに述べたように、企業における組織設計の基本は「組織は戦略に従う」です。企業を取り巻く環境や選択する戦略の方向性によって組織のあり方は異なり、唯一絶対の正解はありません。

一方、組織は「生きもの」であり、組織そのものが進化するという考え方も存在します。

その代表例が「ティール組織」という考え方です。これはコンサルティング会社であるマッキンゼーで長年にわたって組織変革プロジェクトに関わったフレデリック・ラルー氏が提唱する組織論であり、「次世代の組織モデル」として注目を集めています。

ラルー氏は組織モデルの進化の過程を次の5つに分類しました。

●**レッド組織**（赤） 特定の個人の力で支配的にマネジメントする（衝動型）

●**アンバー組織**（琥珀色） 明確に役割が決められており、その役割をまっとうすることを厳格に求められている（順応型）

●**オレンジ組織**（オレンジ） ヒエラルキーが存在しながらも、成果を出せば昇進できる（達成型）

●**グリーン組織**（緑） 主体性を発揮しやすく、個人の多様性が尊重されている（多元型）

●**ティール組織**（青緑） 組織の目的を実現すべく、メンバー全員で共感しながら行動する（進化型）

産業革命以来、多くの企業はオレンジ組織を基本軸に据えて組織マネジメントを行ってきました。会社全体の目標を部門や社員単位に細かく分解して任せ、それぞれの達成を積み上げることで目標を実現するというピラミッド構造の組織形態です。

これに対し、ティール組織では経営者や上司が社員の業務を指示・管理することはしません。組織はピラミッド型の構造ではなく、全員がフラットに協力し合いながら、社会に価値を提供するのがティール組織の特徴です。

(2) ティール組織に欠かせない3つの要素

ティール組織を一言で言えば、「非管理型」の組織と言えます。一般的には、組織運営には管理は欠かせないと考えられていますが、組織から管理を排除し、一人ひとりの主体性に立脚した組織こそがティール組織なのです。

ティール組織が機能するためには、次に挙げる3つの要素が欠かせないとされています。

①セルフマネジメント（自主管理）　一人ひとりが自分の判断で行動し、成果を上げる

②ホールネス（全体性）　個人の「ありのまま」（全体）を尊重し、受け入れる

③進化する目的　会社のビジョンや事業、サービスは、その担い手である社員の意志で進化すべき

ティール組織はこれまでの常識から見れば荒唐無稽のように思えるかもしれません。しかし、カリスマ的なリーダーに依存するトップダウン型の経営や従来の管理型組織運営に

大きな綻びが出ているのも事実です。

インターネットやSNSによって人と人がつながり、ネットワーク化された時代になったからこそ、社員一人ひとりがイキイキと輝く組織のあり方を模索する時期を迎えているると言えます。

5 持ち株会社とグループ経営

(1) 1997年に解禁された持ち株会社

1997年の改正独占禁止法の施行により、持ち株会社の設立が認められるようになりました。持ち株会社とは事業部やカンパニーを子会社、もしくは独立したグループ会社として再編し、全体のグループ経営を行う本社機能だけを持ち株会社で行うものです（図表5－5）。これにより、不採算事業からの撤退や売却など事業の再構築が容易になりました。

日本では終戦後の財閥解体により、持ち株会社は長い間禁止されてきました。しかし、

図表5-5
持ち株会社

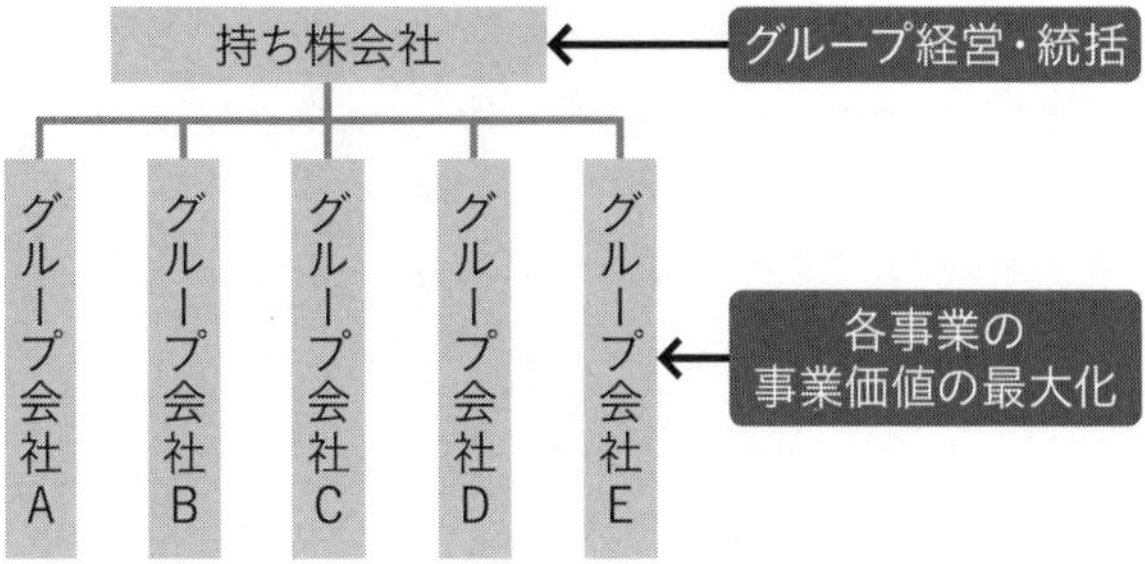

この解禁により新たなグループ経営のしくみが認められたのです。

持ち株会社には純粋持ち株会社と事業兼業持ち株会社の2種類があります。純粋持ち株会社はグループ企業の統治だけを目的とし、自ら事業を行うことはしません。一方、事業兼業持ち株会社は基幹事業を自ら行いながら、傘下のグループ企業の統治も行います。カンパニー制の導入は将来の持ち株会社への移行をにらんだステップと考えられます。

(2) 連結決算が変えたグループ経営

持ち株会社の解禁とともに、日本企業のグループ経営に大きなインパクトを与えたのが、国際会計基準の導入による連結決算の変更です。

日本ではこれまで50%以上の株式を持つ子会社だ

けを対象に連結財務諸表を作成してきました。しかし実際には、保有株式50％未満であっても実質的な子会社、グループ会社は多く、真の意味での連結決算とは呼べない状況でした。

こうした子会社、グループ会社は人材の受け皿として、また利益が出ない事業を本体から分離するために使われているケースが多かったのですが、会計基準のグローバル・スタンダード化の流れのなかで、認められなくなったのです。

新たに連結対象となったのは、50％以下でも役員を多数派遣していて、役員会で過半数の議決権がある会社で、実質的に支配している会社はすべて連結対象となりました。

意味のない子会社やグループ会社は再編・整理する一方で、戦略性の高い子会社を育成しながらグループ全体としての企業価値を高めていくことが求められています。

6 外部の視点を取り入れた組織へ——コーポレート・ガバナンス

(1) 企業を統治する

コーポレート・ガバナンスという言葉は1990年代半ば頃から日本でもよく使われるようになりました。コーポレート・ガバナンスは「企業統治」と訳されます。「企業そのものを誰がどのように統治するのか」、平たく言えば「企業は誰のものか」という問いに答えるものと言えます。

企業活動にはさまざまなステークホルダー（利害関係者）が関与しています。株主、経営者、従業員、取引業者、地域社会など数多くのステークホルダーが存在するなかで、「企業の主権者は誰であるのか」を考えなければなりません。

法制上は企業の所有者は株主です。所有と経営の分離が進んでいる米国では、株主重視、株主主権の考え方が徹底されています。

それに対し、日本では株式の持ち合いなどが広く行われていたため、株主に対する意識はこれまで希薄であり、「企業は経営者、従業員のもの」という意識が支配的でした。しかし、ここにきて日本でも企業の所有者である株主を軽視した経営は成り立たなくなっています。

(2) コーポレート・ガバナンスの4つのポイント

こうした流れのきっかけとなったのが、経済同友会が1998年に提言した「コーポレート・ガバナンス原則（新しい日本型統治を考える）」です。そのなかで、企業統治は「統治の権利を有する株主の代理人として選ばれた取締役が構成する取締役会が経営方針・戦略について意思決定するとともに、経営者が人、モノ、金等の経営資源を用いて行う企業の経営を監督する行為」と定義されています。

そして、具体的な規範の骨子として次の4点を挙げています。

●**アカウンタビリティー（説明責任）とディスクロージャー（情報開示）**　株主から預かった財産をどのように使い、どれだけ利益を上げたか、さらに利益に重大な影響を与えると判断した事項を報告、説明する義務を明確にする。

●**統治の原則**　社外取締役を選任（取締役会の半数以上）する。日常業務を遂行する責任を持つ執行役員制度を導入する。取締役会と執行役員会を分離し、意思決定機関と業務執行機関の区別を明確にする。

●**監査役と監査役会**　監査役の監査対象を違法性監査だけでなく、取締役の経営判断が正当なものであったかどうかまで判断する。社外取締役による監査委員会を設置する。

●**株主総会**　株主と取締役会との意見交換の幅を広げる場として有効活用する。総会とは別に大株主に対する詳細な説明会を開催する。経営と執行の分離に伴い、取締役とは別に業務執行に専念する執行役員を置き、責任の明確化と意思決定の迅速化を図る。

日本で初めて執行役員制度を導入したのは、１９９７年のソニーでした。それまでは上場企業の多くは、取締役が30〜40名いるのが一般的であり、経営の意思決定に時間がかかるなどの弊害が生じていました。ソニーは38名いた取締役を10名まで減らし、取締役会のスリム化、意思決定の迅速化を図ろうとしたのです。

(3) 経営と執行の分離

２００３年４月の改正商法施行により、米国型企業統治形態である「委員会等設置会社」

が認められました。経営の監督と業務の執行を分離し、社外取締役に強い権限を与えることにより、経営監視を強化し、企業の所有者である株主利益を最大化することが狙いと言えます。具体的には、社外取締役が過半を占める「指名委員会」「報酬委員会」「監査委員会」を設け、経営の透明性を高めることが目的となっています。

導入初年度の2003年の株主総会で、ソニーやHOYA、オリックス、東芝などが移行しました。そのなかの1社である大和証券グループ本社は、社外取締役を従来の2倍に増やし、経営に対するチェック機能を強化しました。

(4) 社内のしがらみに縛られない「社外取締役」

2015年6月には、金融庁と東京証券取引所が中心となって「日本版コーポレートガバナンス・コード（企業統治指針）」が公表されました。東証一部・二部などに上場する企業は、原則として順守することが求められています。

コーポレートガバナンス改革の柱のひとつが、取締役会の強化であり、しがらみにとらわれず経営に目を光らせる社外取締役の役割を重視しています。

指針では2人以上の独立社外取締役を入れることを求めています。2015年には2人以上いる企業は5割弱でしたが、２０２０年には9割を超えています。

２０２１年3月施行の改正会社法により、これまで任意だった上場企業における社外取締役の設置が義務化されることになりました。

社外取締役制度は１９７０年代に米国で相次いで起きた不祥事の後、経営監視を強化する目的で導入する企業が増えました。さらに、ＣＥＯが不正な会計操作を指示し、２００１年に破綻したエネルギー大手・エンロンの事件がきっかけとなり、「全取締役の過半数は社外」と上場規則で義務付けられました。

米国と日本ではＣＥＯの権限など企業のあり方そのものに大きな違いがあるので、米国流の制度やしくみをそのまま持ち込んでも機能しない面はあるでしょう。また、日本においては社外取締役の人材不足も指摘されています。

しかし、同質性が高く、集団意思決定の色彩が強い日本企業において、「客観的な外部の視点」「異質の眼」はとても重要であり、社外取締役の設置・活用はコーポレート・ガバナンス上の大きな論点と言えます。

(5) 指名委員会等設置会社

日本企業のガバナンス強化のひとつとして打ち出されたのが、「指名委員会等設置会社」です。これは日本における株式会社の内部組織形態に基づく分類のひとつであり、指名委員会、監査委員会及び報酬委員会を置く株式会社を指します。

もともとは米国などが採用していた企業形態ですが、グローバル化が求められるなか、日本においてもグローバル競争力強化を目指して法制化されました。各委員会のうち過半数は社外取締役でなくてはなりません。

株式会社では所有と経営が分離されていますが、指名委員会等設置会社では経営からさらに執行を分離しています。具体的には、取締役会のなかに社外取締役が過半数を占める委員会を設置し、取締役会が経営を監督する一方、業務執行については執行役にゆだね、経営の合理化と適正化を目指すというものです。

日本では従来、取締役会、監査役会といった機関設計に馴染みがありますが、欧米では委員会設置会社が一般的です。指名委員会等設置会社を採用することで、海外の投資家にとっては経営の透明性が高まり、信頼を得やすいというのが大きなメリットと言えます。

日産自動車やイオンなどが指名委員会等設置会社に移行していますが、その数は想定されていたほど増えていません。社外取締役の確保が難しいことや社外の人間がトップ人事や報酬を決めることに対する抵抗感などがその理由として指摘されています。

新幹線劇場

ＪＲ東日本のグループ会社であるＪＲ東日本テクノハートＴＥＳＳＥＩは、東北新幹線などの清掃を担当する会社です。縁の下の力持ち的なこの会社が、国内だけでなく、海外のメディアでも大きな注目を集めています。米国のＣＮＮ、ドイツ国営放送をはじめ、アジアや中東などからも取材が押し寄せています。

その理由は、「魅せる清掃」。７分という限られた折り返し時間のなかで、スピーディーかつ完璧にこなすその仕事ぶりが、海外で絶賛されているのです。

また、新幹線の到着時や清掃終了後に必ず行われる「一礼」や現場の自主的な改善活動も、海外の注目の的です。そこには単なる清掃を超えた、「おもてなし」の気持ちが表れています。まさに「新幹線劇場」です。

しかし、この会社も以前は平凡な清掃会社にすぎませんでした。経営者が新たな目指すべき姿を示し、それに共感した現場が知恵やアイデアを絞り、一歩一歩努力を積み上げることによって、まったく違う会社へと生まれ変わったのです。

多くの企業の現場は「業務遂行型の現場」です。言われたこと、決められたことはこなしますが、それ以上のことはやろうとしません。

それに対し、ＴＥＳＳＥＩの現場は「問題解決型の現場」です。現場で起きる大小さまざまな問題を主体的に自分たちで解決しようとします。

この地道な取り組みが企業の競争力を高め、他社が真似のできない競争優位となるのです。

ＴＥＳＳＥＩの取り組みは、ハーバード・ビジネス・スクール（ＨＢＳ）の教授陣の目にとまり、必修科目のケーススタディとして採用されました。

ＨＢＳではこれまでトヨタ、ホンダ、ソニーなどの日本企業がケースになっていますが、いまでは日本の清掃の会社が大きな注目を集めているのです。

現場力は日本企業の根幹を支える競争力の源泉です。製造業だけでなく、小売業やサービス業においても、経営者と現場がひとつになれば、「非凡な現場」をつくり上げることができることをこの会社は証明しています。

第6章

企業は人なり
——人材のマネジメント

ミニケーススタディ❺
アマゾンの人材戦略

アマゾンは1995年にジェフ・ベゾス氏が設立したIT企業です。世界最大のショッピングサイトを運営するだけでなく、クラウドコンピューティングやデジタルストリーミング分野でも存在感を高めています。

2020年現在、米国をはじめとする17カ国でサイトを運営し、2019年12月期の売上高は対前期比20・1%増の2805億ドル（約31兆円）に達しています。

アマゾンのビジョンは、「地球上で最もお客様を大切にする企業であること」と「地球上で最も豊富な品揃え」の2つ。この2つのビジョンを実現するために、全社の力を結集させています。

全世界で50カ所を超える物流センターを運営し、その広さは240万平方メートルを超えます。アマゾンの代名詞である本だけでなく、エレクトロニクス製品から宝飾品まで5000万タイトルを超える品揃えを誇ります。

アマゾンには全世界で約9万人の従業員が働いています。彼らは「アマゾニアン」と呼ばれています。

巨大なオペレーションを日々運営するアマゾンにとって、人材の能力と意欲はきわめて重要な競争力の源泉です。アマゾンではチームを率いるマネージャーのみならず、すべての従業員がリーダーでなければならないとされています。

そして、「リーダーシップ理念」（Our Leadership Principles）と呼ばれる14の行動指針が定められ、すべての「アマゾニアン」がそれに沿った行動を求められているのです。

その1番目にくるのは、「Customer Obsession」。常に顧客を起点に行動し、顧客から信頼を獲得し、維持していくために全力を尽くすことが、真の「アマゾニアン」であるための必須要件です。

こうした14の行動指針は、単なるお飾りではありません。この行動指針は人材を採用する時の基準であり、従業員の人事考課の指標でもあります。この行動指針を忠実に守り、成果を上げることができた従業員のみが昇進、昇格を手に入れるのです。

会社の目標であるビジョン。そして、それを実現するための行動指針。それに基づいた人材の採用と評価・登用。これらの要素が一貫し、優れた「アマゾニアン」を生み出すところに、アマゾンの真の強みがあると言えます。

1　能力とやる気を引き出すマネジメントとは

(1)　人という経営資源には、無限の可能性がある

企業活動における4つの経営資源は、人、モノ、金、情報と言われます。なかでも、人をどう活かすかが企業活動の成否の分岐点だと言っても過言ではありません。

パナソニックの前身である松下電器産業の創業者、松下幸之助はこう述べています。「松下という会社は何を作っているのかと聞かれれば、人を作っている所だと答える。そして併せて商品も作っている所だと」。まさに至言です。

人の重要性は、経営資源としての「人」を「人的資源」（Human Resources）や「人的資本」（Human Capital）と呼ぶ企業が増えていることでもわかります。人という経営資源が他の経営資源と根本的に異なるのは、その能力や可能性に無限の広がりがあることです。モノ、金、情報の価値は基本的には一定ですが、人の価値はやる気や能力、感情などによって大きく変動します。人が内包するやる気や潜在的な能力を引き出すことの巧拙が

図表6-1
マズローの欲求5段階説

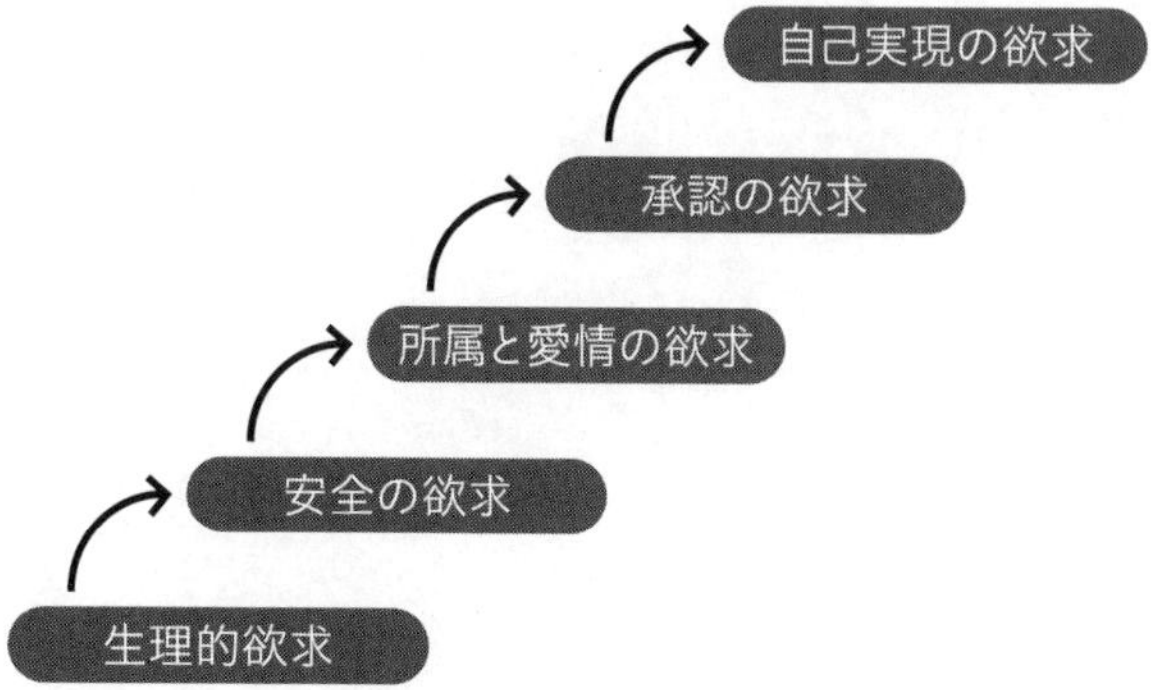

競争力に直結するのです。

(2) モチベーションとインセンティブ

米国の心理学者A・H・マズローは「欲求5段階説」を唱えたことで有名です（図表6－1）。人は欲求し続ける動物であり、その欲求の発展段階には生理的欲求、安全の欲求、所属と愛情の欲求、承認の欲求、自己実現の欲求の5段階があると説明しています。こうした欲求は低い次元のものから順次高度化していき、人間はより高い次元の欲求を目指していきます。すでに充足してしまった欲求は、さらに刺激を与えても、もはや決定的な効果をもたらさないと言われています。

同様に、仕事に対する人間観を捉えた理論

として興味深いのが、米国の経営学者、ダグラス・マグレガーが提唱した「X理論・Y理論」です。人はそもそも仕事が嫌いであるというX理論と人は自己実現のために自主的に働くというY理論の2つの人間観が存在するというものです。X理論に基づく管理としては〝飴とムチ〟のムチによる統制が必要です。一方、Y理論に基づくと、自主性を重んじた目標設定や自主管理などが重要となります。

マズローやマグレガーのY理論に基づいて、人という経営資源が欲求の進化を続けるという前提に立つと、働く動機付け（モチベーション）となるものを与え、それを達成した時に何らかの報酬（インセンティブ）を与えることが人材活用のポイントとなります。こうした人材活用のしくみを人的資源管理（HRM：Human Resource Management）と呼びます。

(3) 人材マネジメントにもビジョンが欠かせない

1990年代後半以降、日本的経営の柱であった終身雇用制が崩壊しつつあります。人員のリストラや早期退職者優遇制度などによって終身雇用という大前提が崩れ、あわせてこれまでの年功序列型の人事・賃金体系も大きく方向を変えようとしています。

終身雇用・年功序列といったこれまでの考え方に代わり、企業の業績に結びつく活動を行った社員を公正に処遇することに重きを置いた成果主義・能力主義という考え方が新たなＨＲＭの基盤となってきました。これまでの年功序列制においても実力主義の考え方がまったくなかったわけではありませんが、今まで以上に実績に対する明確な格差を打ち出していかないと、優秀な人材は社外へと流出してしまいます。その一方で、人材の流動化が加速するなかで、公平・公正な処遇を行う企業は転職を通じて優秀な人材を新たに確保できる可能性が高まっています。

日本人の会社に対する考え方、職業意識は確実に変わりつつあります。人材の流動化、人材マーケットの創出も進んでいます。劇的に変化する環境のなかで、個々の人事制度だけを単発的、断片的に変えてみても、優秀な人材を確保し、育成、活用することは困難です。新たな環境に適合したＨＲＭのしくみをシステムとして再構築することが求められているのです。

その際にまず重要なのが、「人事ビジョン」の明確化です。これは企業と人との「関係性」を明確にする「人に関する憲法」のようなものです。企業活動において人という経営資源をどのように位置付け、どのような方針で人材マネジメントを行っていくのかの基本精神、方針を明らかにしたものです。

今、企業と人との関係は劇的に変わりつつあります。しかし、そうした潮流に流されてばかりいたのでは、しっかり根の張ったＨＲＭのしくみは構築できません。自分たちは何を大切にして人と接していくのか、経営者は軸足となる人に対する考え方を提示しなければいけないのです。

(4) もはや「日本人が中心」ではない：グローバル人材マネジメント

日本企業のグローバル化が加速しています。例えば、トヨタ自動車の２０１９年度の総販売台数は９４６万台。そのうち、日本国内の販売台数は１５８万台。わずか16・７％にすぎません。

生産においても、２０１９年度の総生産台数８７４万台のうち、５４３万台は海外です。国内生産は３３０万台であり、海外依存度が高まっています。

事業のグローバル化が進展する一方、人のグローバル化はなかなか進展しません。そこで、多くの日本企業は「グローバル人材」の育成がとても大きな課題と認識しています。多様な文化や価値観、言語などの違いを乗り越え、国境を越えて活躍できる人材をいかに育て、確保するかは、世界を舞台に戦う日本企業にとって生命線と言えます。

「グローバル人材」という言葉には2つの意味が込められています。ひとつ目は「日本人社員のグローバル化」です。日本国内にとどまらず、世界を舞台に活躍できる人材をいかに育てるかは、日本企業のグローバル戦略の成否を左右します。

2つ目は「日本人以外の優秀な人材の確保」です。「グローバル人材」に国籍はありません。優秀な人材を世界中で発掘し、育て上げ、より大きな舞台で活躍してもらうことが必要不可欠です。

トヨタ自動車では2002年に人材育成機関・トヨタインスティテュートを立ち上げました。その狙いは「真のグローバル化を推進し、新しい価値観を進化させることによって、グローバルトヨタの人材育成の牽引役となる」ことです。

ここでは「グローバルリーダー育成スクール」「ミドルマネジメント育成スクール」などのプログラムが運営され、海外事業体を含めたグローバルトヨタの経営者やミドル層の育成研修を行っています。

トヨタ自動車の連結ベースの総従業員数は約36万人(2020年3月末現在)。そのうち、単体の従業員数はわずか約7万4000人。36万人の力をいかに高め、結集させるかがグローバルトヨタの成功には欠かせないのです。

「日本企業だから日本人が中心」という考え方はもはや通用しません。国籍を問わず、優秀でやる気にあふれた人材をいかに確保し、活躍する場を提供することができるかが成功のカギを握っています。

2 一貫した人材マネジメントのしくみをつくる

人事ビジョンを受けて、具体的な人材マネジメントのしくみをシステムとして設計、構築する必要があります。そのしくみは採用－配置－育成－評価－処遇という一連のプロセスに沿い、整合性のとれたものでなければなりません（図表6－2）。

(1) 優れた人材を確保する：採用

雇用形態の多様化に伴い、人材採用は大きく変化しています。これまでの日本企業では

図表6-2
HRMの構成要素

正社員が大半でしたが、職種や職務により契約社員やアルバイトの活用が一般化しています。固定費化してしまう正社員の比率をできるだけ抑え、人件費の変動費化、抑制を意図したものです。

ただし、非正社員の比率を増やすことが一概によいとは限りません。せっかく業務を覚えても簡単に人材が流出してしまっては、本来的な企業競争力につながりません。人件費というコストサイドだけで見るのではなく、業務の品質、継続性といった要素を加味したトータルな視点で見る必要があります。

優れた人材を確保するために、入社の柔軟性についてもさまざまな工夫が行われるようになりました。例えば、江崎グリコは２０１２年から4月一斉入社に限定せず、秋入社を開始しました。これはグローバル事業の拡大に伴い、優秀な人材を世界中から募る必要性が高まっているからです。２０１２年10月には秋入社第一号として、タイ人の女性が入社しました。優れた人材を確保するためには、これまでの常識から離れた柔軟な発想が求められています。

人材の流動化に伴い、中途採用というしくみも一般化してきています。学校を卒業したてのフレッシュな人材を1から育てるだけでなく、すでにそれなりの経験と実力を兼ね備えた人材を上手に活用できるかどうかが重要になってきています。他の企業や業種を経験した人材は「異質」の目や知恵を持っており、即戦力としてだけでなく、企業を活性化するのに有効と言えます。

しかしその一方で、企業それぞれの持つ企業風土や価値観が強すぎると、外部の人材が組織になじめず、せっかくの能力を活かし切れないという側面もあります。やみくもに非正社員や中途採用者を増やすのではなく、企業経営のなかでこうした人材をどう位置付けていくのかの方針をはっきりさせることが大切です。

(2) 仕事と人材の最適なマッチングを図る：配置

人材配置を行ううえでの基本は「適材適所」です。個人の持っている能力、素質・素養、やる気を見極め、最適な役割を与えることによって、最大限の成果が得られ、企業の業績にもつながっていきます。

また、適材適所は短期的な視点だけでなく、中長期的な視点で考える必要があります。従来も人事ローテーションという考え方はありましたが、これまではいろいろな業務経験を積ませることに主眼があり、個人の中長期的な能力開発という視点は希薄でした。企業の成長、個人の成長を長い時間軸で捉えた場合に、どのように社員の職歴開発をしていくべきなのかをより計画的、戦略的に行うことが必要になっています。こうした取り組みをキャリア・ディベロプメント・プログラム（ＣＤＰ）と呼びます。

企業にとっては、社員の能力を最大限に引き出し、「仕事と人材のマッチング」を実現するとともに、優秀な人材の確保、育成につながります。一方、社員の側から見ると仕事のマンネリ化を防ぐとともに、新しい仕事を体験することによって学習と能力開発のチャンスを得られることになります。

「仕事は会社が与える」という考え方から脱却し、個人の「やりたいこと」をベースに、仕事と人材のマッチングを図る取り組みも増えています。「フリー・エージェント（ＦＡ）制度」などがその代表例ですが、個人の希望を尊重した配置のしくみと言えます。

また、中途採用が一般化するなかで、「適所適材」という考え方も広がりつつあります。強化が必要な機能や業務を洗い出し、その仕事の遂行に最適な人材を社内外から登用するのが「適所適材」です。「人ありき」ではなく、「仕事ありき」の考え方が日本でも重要になってきています。

(3) OJTと研修で育てる：育成

人材育成の基本は「ＯＪＴ」（On the job training）と「研修」です。なかでも、ＯＪＴは業務を通じて人が学習し、育っていくことであり、企業における人材育成の中核にくるものです。ＯＪＴは実務という〝真剣勝負〟の場、すなわちプレッシャーの高いなかでの育成であり、大きな学習効果が期待できます。また、実務を通じて、人的なネットワークを形成したり、それぞれの企業の風土や文化を感じ取ったりしていくプロセスでもあり、単なる知識以上のものを得ることができます。

一方、研修はＯｆｆ－ＪＴであり、実務とは直結していません。しかし、必要な知識やスキルを体系的、集中的に学べるメリットがあり、ＯＪＴを補完するものとしてその重要性は高まっています。近年では、研修といっても単なる座学ではなく、各自の職場での実践を踏まえたアクション・ラーニング（知識を得た後、その実践を通じて学習する手法：Action Learning）という取り組みが増えています。

(4) 多面的な評価のしくみをつくる：評価

評価はＨＲＭのしくみのなかでも、根幹をなすもののひとつです。いくら一所懸命努力して、成果を上げても、それが適切に評価されなければ人間のモチベーションは維持できません。特に、成果主義、能力主義制度の下では、公正、公平な評価の確保が絶対条件となります。

評価のしくみを設計する際には、誰が、何を、どのような時間軸で評価するかを考える必要があります。これまでは、被評価者は直属の上司によって評価されるというのが一般的でしたが、ひとりの人間の評価だけでは客観性に欠けるという批判もあり、より多面的な評価を行おうとする動きが進んでいます。これを「３６０度評価」と呼び、上司だけでなく、部下や同僚、場合によっては顧客の声も反映させて、よりフェアな評価を行おうとするしくみと言えます。

また、評価の手法としては「ＭＢＯ」（目標管理：Management By Objectives）が広がりつつあります。社員はそれぞれの上司とともに、組織目標と連動した形で自分の目標を納得と合意の下で決定します。その後、社員は目標達成に向けて自己努力を続け、上司はその支援、協力を行います。その期間が終了すると、社員はまず自己評価を行い、上司はその妥当性をチェックしたうえでフィードバックし、お互いに納得する形で評価を終了し、次の目標設定に向かいます。一方的な結果管理ではなく、本人の主体性を前提に全体のプロセスを管理することが重要になってきています。

(5) ポストと報償で報いる：処遇

処遇を考える際には、「ポスト」と「報償」の2つの側面があります。日本企業においても、組織のフラット化、簡素化、スリム化が進み、処遇ポストは以前に比べると確実に減少しています。こうしたなか、単一の組織のヒエラルキーを上っていくという単線型処遇体系では限界が明らかです。管理職としてではなく、個人の専門的なスキルや経験を最大限に活かす「複線型」処遇体系を構築しなければなりません。専門性を活かし、プロフェッショナルやエキスパートとして貢献してもらう道をつくることです。

報償とは給与やボーナス、福利厚生などの社員に支払われる対価のことです。給与の決定要素としては、仕事遂行能力を基準においた「職能給」と仕事そのものを評価基準にした「職務給」に分かれます。職能給は個人の能力にスポットライトを当てていますから、ポストが少なくても処遇でき、配置転換や職種転換が容易というメリットがあります。しかし、その反面、年功的な運用になりやすく、やってもやらなくても差がつかないという短所があります。

職務給は個人ではなく、仕事にスポットライトを当てる考え方です。仕事そのものの難易度によって給与が変わります。仕事と給与が連動するため、人件費の高騰が抑制できますが、一方ではポストから外れた人たちのモチベーション維持に工夫が必要です。

日本では職能給から職務給へのシフトが起こりつつあります。キヤノンは2001年から課長級以上の管理職に職務給を導入しましたが、2005年からは全社員への適用を開始しました。その一方で、毎年給与が上がっていく定期昇給は全廃しました。一般社員は仕事の内容が多様で、数値化が困難なため、職務給の導入は難しいとされていましたが、仕事に見合った給与の設定と実力主義が日本でも広がりつつあると言えます。

3　個々のキャリアをデザインする

(1) 変わる「キャリア」の考え方

新たなＨＲＭのしくみを構築・導入するうえでのキーワードが「キャリア」という言葉です。キャリアは一般には「業務歴」とか「社歴」として使われますが、実際にはもっと深い意味を持っています。

社会心理学者のＥ・Ｈ・シャインはキャリアを「自分の生き方を体現するための仕事」と定義しています。仕事を単に収入を得るための手段と位置付けるのではなく、人生における自己実現の〝場〟と考えることが重要になっています。

実際、個人の仕事観やキャリア観は大きく変化しています。自分自身のキャリアを考えるうえでのモノサシ（尺度）をキャリア・アンカーと呼びますが、旧来型と現在とでは大きく変わっています（図表６－３）。

旧来型では、「どの企業で働くのか」「どのような地位に就くのか」「どのような学歴を持っ

図表6-3
キャリア・アンカーの変化

旧来型		現在
所属企業・部門	→	仕事の種類・内容
企業内の地位	→	与えられる責任と権限
出身学歴	→	得られる評価

ているのか」などが重要なアンカーでした。まさに終身雇用、年功序列のなかで培われてきたアンカーだと言えます。

しかし、日本的人事システムが崩壊するなかで、こうした旧来型のアンカーに代わって、「どのような仕事に就くのか」「どのような責任と権限が与えられるのか」「仕事の達成によってどのような評価が得られるのか」が重要なアンカーになってきました。

企業にしがみつくのではなく、仕事を通じて企業と個人が対等な関係となりつつあります。企業は個人のキャリア開発を念頭に置いた〝場〟の提供を常に心掛ける必要があります。

旧来の価値観を脱したプロフェッショナル志向の従業員を多数育成し、適切に処遇・活用していくことがＨＲＭの重要な役割と言えます。

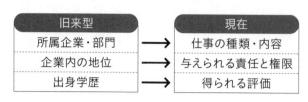

(2) キャリア開発の4要素

キャリア開発を念頭に置いたHRMを行うのが企業の役割ですが、その際に着目すべき要素は次の4つのCです。

- Competence（能力）　市場で評価される専門的な能力・スキル・経験
- Confidence（自信）　多くの実践経験を通じた自分自身に対する信頼感
- Connections（人脈）　人的ネットワークの量と質
- Credence（信用）　能力を実証するに足る実績

キャリア開発というと、個人の能力やスキル開発に焦点を合わせたものになりがちですが、能力は個人のキャリアを磨くひとつの要素にすぎません。自信、人脈、信用といったものを開発するという多面的な視点を持って、個々人のキャリア・デザインを行うことが必要です。

第7章

お金の流れを管理する

——資金のマネジメント

ミニケーススタディ❻
コロナ禍での企業の資金調達

新型コロナウイルスによるパンデミック（感染爆発）は世界的な経済の停滞を引き起こしました。「移動の蒸発」は「需要の蒸発」につながり、収入が途絶えた企業は手元資金を使わざるを得ず、「キャッシュの蒸発」を引き起こしました。

比較的手元資金が潤沢だった日本企業も、コロナの影響が長期化することにより運転資金の確保を急ぎ、資金繰りに奔走するようになりました。

東京商工リサーチの調査によると、2020年6月8日までに金融機関などからの資金調達を公表した上場企業は1771社に達し、その総額は9兆6758億円にも及びます。

業種別では、製造業が51社と最多です。世界的な長期景気低迷に備え、合計約6兆6000億円もの資金調達に動いています。また、減便による収益悪化が深刻な航空会社、輸送人員の大幅減少が直撃する鉄道会社も大規模な資金調達を実施しています。

1000億円以上の資金調達は26社に達し、トヨタ自動車は最大の1兆2500億円の資金調達を行っています。トヨタは「新型コロナウイルスの影響長期化リスクを見据えた資金計画や市場動向を勘案し、複数の国内金融機関から借り入れを実施する」と発表しました。その返済期限は1年程度としています。

トヨタ以外にも、ANAホールディングスは9500億円、日産自動車7125億円、JFEホールディングス7000億円、日本製鉄6000億円など、日本を代表する企業が巨額の資金調達に動いています。

主な資金調達方法として、調達金額上位10社のうち6社がコミットメントラインを活用しています。「コミットメントライン」とは「特定融資枠契約」と呼ばれるもので、銀行などの金融機関が企業に対して一定期間、一定の融資枠を設定し、維持することを指しています。企業は貸出極度額の範囲であれば、何度でも資金の借入・返済が可能であり、不測の事態に備えることができます。

資金調達の必要性は大企業に限りません。むしろ中小、零細の事業者ほど休業や営業時間短縮に追い込まれ、売上の大幅な減少に苦しんでいます。国や自治体は、融資、給付金、助成金などさまざまな資金支援策を打ち出しました。

大企業であろうと中小企業であろうと、資金が回らなければ経営を維持することはできないのです。

1　企業活動には資金が欠かせない

(1) 資金は「血液」の役割を果たす

企業活動には資金が不可欠です。人・モノ・金・情報と言われる4つの経営資源のなかで、資金は「血液」の役割を果たしており、血液の循環がよくなければ経営は持続的な活動を行うことができません。実際、一見売上は順調に上がっていても、資金繰りに窮して黒字倒産するケースは後を絶ちません。持続的な企業活動を行うために、資金の最適な調達と運用を戦略的に行うことが資金のマネジメントの目的です。

企業活動における資金の流れを見ていきましょう（図表7－1）。企業はまず活動を行うための資金を調達しなければなりません。そのために企業は株式や債券といった有価証券を投資家向けに発行したり、銀行から借り入れたりします。こうして集めた資金を資本と言います。企業はこの資金をもとに事業活動に必要な資産を購入するなどの事業投資活動を行います。そして、その活動が成功すれば収益を生み出します。この収益は新たな事

図表 7-1
資金の流れ

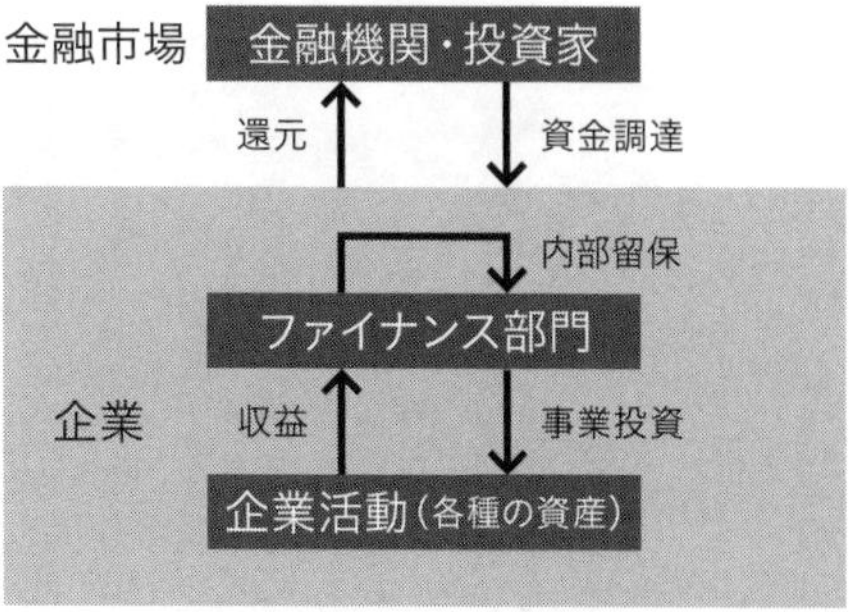

業活動に再投資されたり、その一部は資金提供をした投資家や銀行に還元されることになります。

企業経営とはこうした「資金の投下と回収を繰り返すこと」であると定義することもできるのです。

(2) 会計は過去に、財務は将来に重点を置く

資金に関わる企業活動の2つの柱が「会計」と「財務」です。

会計とは平たく言えば経営の「成績表」を作成することです。企業の日々の事業活動を決められた規則にしたがって計数的に記録し、報告することが会計の目的です。

そもそも会計を意味する英語アカウンティング（Accounting）は、「説明する」という意味のAccountから生まれた言葉です。企業活動に関わるさまざまなステークホルダー

に対して経営活動の実態を記録・報告することが会計業務であり、その一連の手続きを「決算」と呼びます。

一方、財務は企業活動に必要な資金を調達し、管理・運用する活動です。英語ではファイナンス（Finance）と言います。

会計が企業活動の過去や現在に焦点を合わせているのに対し、財務は企業の将来に重点を置いています。モノを購入するにはコストが発生するのと同様に、資金の調達にもコストが発生します。企業目標を達成するために必要な資金を可能な限り低いコストで調達し、蓄積された資金をリスクなく上手に運用することが企業の発展や業績に大きく影響します。

2 決算と財務諸表の基礎知識

(1) 企業会計には3種類ある

企業はその経営内容・実態を広く公開する義務を負っています。それを英語では、アカウンタビリティ（説明責任：Accountability）と言います。そうした経営実態を成績表として作成・公開する一連の手続きが決算です。

決算にはその目的に応じて次の3種類があります。

●**財務会計**　外部のステークホルダーに対して、財務諸表を通じて企業活動の実態を客観的かつ公正に開示することが財務会計の目的です。企業は法制上の主権者である株主に対して経営状況を的確に伝える義務を負っています。したがって財務会計は商法などの法律によって厳格に規定されています。

●**税務会計**　税務申告を目的に作成するのが税務会計です。これは法人税額を算出する時の基礎となるものです。財務会計と税務会計ではその目的が違うため、収益やコストを算出するルールも異なります。したがって、財務会計上の利益と税務会計上の課税対象所得は必ずしも一致しません。この認識の差から発生する税金の差を表す会計を税効果会計と呼びます。

●**管理会計**　管理会計は外部への公開目的ではなく、企業内部の経営管理を目的としています。経営戦略を立案し、適切な意思決定を行うためには、経営状況の実態を正確に把握することが不可欠です。具体的には、経営実態を計数的に把握するために、損益分岐点分析や標準原価の把握などの手法が用いられます。

(2) 財務諸表の3つの柱

企業の財務状況を公開する決算書類が財務諸表です。財務諸表は、損益計算書（P／L：Profit & Loss Statement）、貸借対照表（B／S：Balance Sheet）、およびキャッシュフロー計算書（Cash Flow Statement）の3つが柱となっています。

図表 7-2
損益計算書の構造

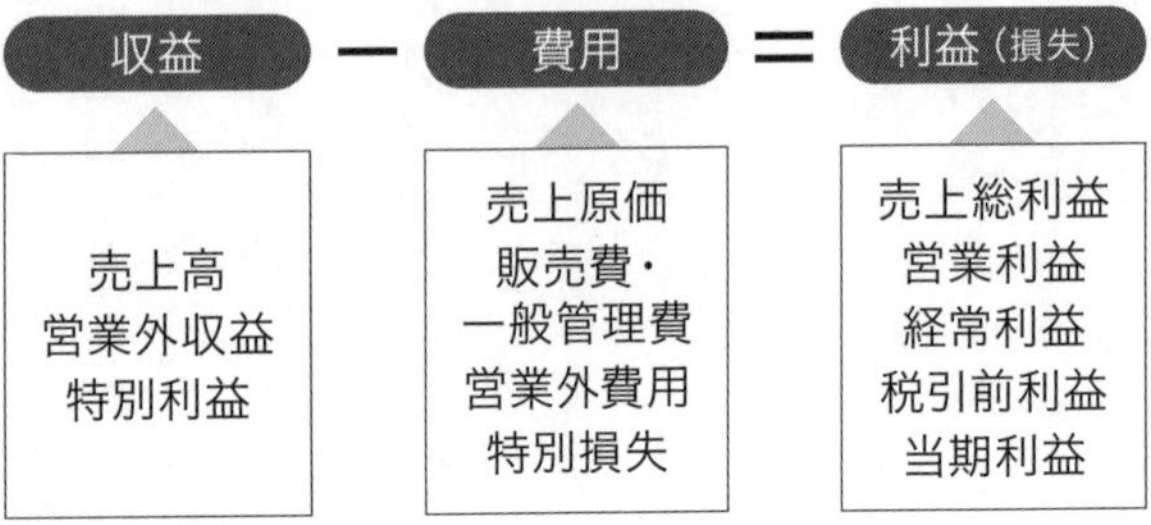

①損益計算書

企業の1年間の営業成績を表すのが損益計算書です（図表7－2）。収益、費用、利益の3項目から構成され、さらに3つの収益（売上高、営業外収益、特別利益）、4つの費用（売上原価、販売費・一般管理費、営業外費用、特別損失）、5つの利益（売上総利益、営業利益、経常利益、税引前利益、当期利益）に分類されます。

損益計算書を見るポイントは「何が利益を生み出す源泉になっているか」です。いくら当期利益が上がっていても、土地や有価証券といった資産の売却で利益を上げていたのでは企業活動が健全とは言えません。真の収益性を見るためには事業としてのトータルな経営成績を表している経常利益に着目する必要があります。

図表7-3
貸借対照表の構成

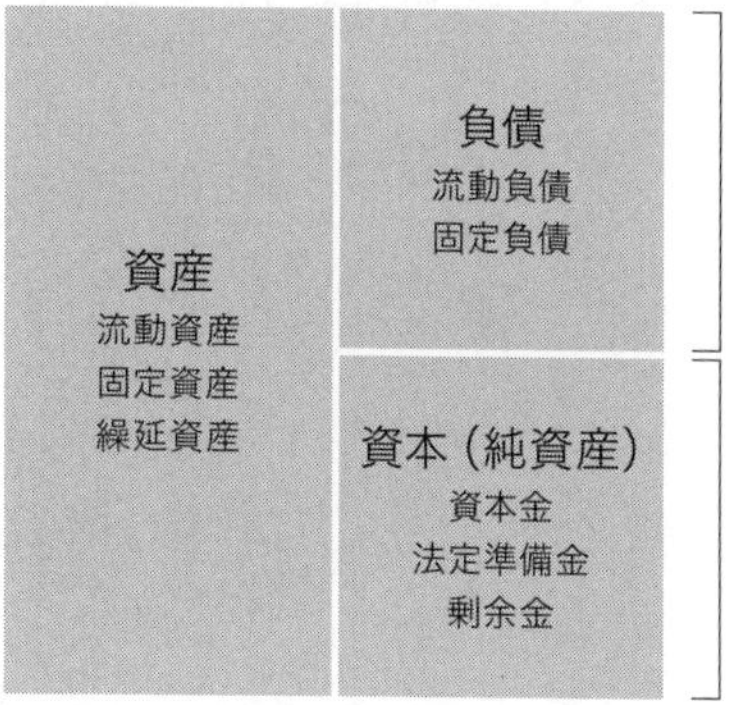

②貸借対照表

企業の財務状況を表すのが貸借対照表です（図表7－3）。負債（他人資本）、資本（純資産、自己資本）、資産の3つの項目から構成され、企業がどこからいくら資金を調達し、何に使っているのかが表されています。

負債は流動負債（1年以内に返済する短期借入金や支払手形など）と固定負債（支払期限が1年以上の社債や長期借入金など）に分けられます。資本は返済する必要のない資金で、株主からの出資金、未処分利益、法定準備金などが該当します。資産は企業の財産を意味し、流動資産（1年以内に現金となるもの）、固定資産（現金化まで1年以上かかるもの）、繰延資産（固定資産と同様に短期に現金化できない資産として特別に認められているもの）に分類されます。資産の合計と負債と資本の合計は必ず同じ額になることから、バランスシートと呼ばれます。

貸借対照表は企業の財産の実態を映し出す鏡と言えますが、特に重要なポイントは負債と資本の比率です。負債である他人資本と自己資本を足したものが総資本ですが、総資本に対してどれだけ自己資本が充実しているかで企業の安定度が判定できます。貸借対照表は全体の額が多ければよいのではなく、その質的な面に着目する必要があります。

③キャッシュフロー計算書

企業経営においては、企業の営業成績だけでなく、資金繰りや現金収支の状況を把握することが大切です。企業活動における各期の現金の増減を表しているのがキャッシュフロー計算書です。

黒字倒産のように、表向きは利益が出ていても資金繰りに窮し、支払い不能に陥るケースは決して少なくありません。まさに「勘定合っても銭足らず」といった状況を回避するために、常に現金の動向を把握する必要があるのです。国際会計基準導入の第一歩として、2000年度から上場企業を対象にキャッシュフロー計算書の提出が義務付けられました。キャッシュフロー計算書は、営業活動、投資活動、財務活動の3区分に分けて、それぞれの現金の増減を表示しています。

(3) IFRS（国際財務報告基準）が与えるインパクト

企業活動がグローバル化するなかで、企業会計の基準や方法も世界で統一化する流れができています。それが国際財務報告基準（International Financial Reporting Standards）、通称IFRSと呼ばれています。

これは国際会計基準（IASB）によって設定されたもので、2005年にEU（欧州連合）域内の全上場企業に対して適用が義務付けられて以来、会計基準のグローバル・スタンダードとして世界中に広がりつつあります。

2019年7月時点で、およそ150の国と地域で適用または許容されています。2019年6月末の日本の上場企業におけるIFRS適用企業は217社で、時価総額ベースで35%を占めており、5年前に比べ3倍近く増えています。

2020年度にはトヨタや日本航空、東レなどが移行しています。

IFRSの適用は日本企業にとって大きなインパクトがあります。例えば、これまで日本では収益から費用を差し引いた純利益を重視してきました。それに対し、IFRSでは資産から負債を差し引いた純資産の増減（包括利益）が重視されます。

包括利益には従来、企業の業績に入れるべきではないと考えられてきた持ち合い株式の評価損益や退職給付の支払いのために運用している金融資産の評価損益なども含まれます。IFRSの適用によって、企業の業績は時価の変動も含めて想定されるようになり、企業が重視すべき経営指標や社内制度も変えていく必要があります。

しかし、これは今回のIFRSに限ったことではありません。これまでにも、会計ビッグバンによって、売上高やマーケットシェア重視だったものが、キャッシュフローやROE（株主資本利益率）、ROA（総資産利益率）などが重視されるように変わってきました。IFRSという新たな流れのなかで、新たな経営管理体制の構築と充実が求められているのです。

3 企業の総合力をつかむ経営分析

(1) 実態を数字で見えるようにする

財務諸表は対外的な決算書類としてだけではなく、企業の持っている実力を計数的に把握し、判断するための有力な材料となります。企業を多面的、複合的に分析し、企業の総合力を理解するのが経営分析です。

その際の視点は「収益性」と「安全性」の2つに大別できます。収益性は損益計算書を中心にした分析であり、安全性は貸借対照表を中心とした分析になります。

①収益性を見る指標

●売上高利益率　企業の持つ収益力を判定するものです。その代表的な指標が、売上に対してどの程度効率的に利益を上げているのかを示す「売上高利益率」です。分子となる利益には、総利益、営業利益、経常利益、当期利益などがそれぞれの目的に応じて使い分けられます。

②安全性を見る指標

●自己資本比率　総資本（自己資本に他人資本を加えたもの）に対する自己資本の比率を見るのが「自己資本比率」です。この比率が高いほど企業の安全度が高いと言えます。日本の上場企業では平均30％程度ですが、欧米では50％程度が平均であり、優良の基準だとされています。

●流動比率　短期間（1年以内）に返済する必要のある負債（流動負債）は、同じく短期間に現金化される資産（流動資産）で賄われる必要があります。これを測るのが「流動比率」であり、１５０％から２００％程度が望ましいと言われています。

●当座比率　安全性をさらに正確に把握するには、流動資産から現金化しにくい棚卸資産を除いた当座資産と流動負債の比率である「当座比率」が重要となります。この比率は１００％以上が望ましいとされています。

●**固定比率**　長期にわたって保有される固定資産は、短期資金ではなく長期資金によって賄われるのが望ましいと言えます。固定資産がどれだけ自己資本によって賄われているかを示す比率が「固定比率」であり、１００％以下が望ましいとされています。

●**固定長期適合率**　資産と資本の関係を見る際に、自己資本だけでなく長期の負債である社債と長期借入金も加えたもの（固定負債）が「固定長期適合率」です。長期に安定した資本と負債と固定資産の比率を見るもので、より現実的な安全指標と言えます。

(2) 非財務の視点も評価するバランスト・スコアカード

財務指標は経営分析における最も重要なものであることは変わりませんが、経営をより多面的に分析するためには非財務指標を加えた、より包括的な経営分析が求められています。こうした観点から提唱され、広がりつつあるのがバランスト・スコアカード（ＢＳＣ：Balanced Score Card）です。

これは企業活動を次の４つの視点から多面的に評価し、測定しようというものです。４つの視点はさらに目標、指標、基準、施策に落とし込まれ、単なる経営分析だけではなく、企業の総合力を把握し、高める手法として導入する企業が増えています。

●財務の視点－財務的な業績目標
●顧客の視点－顧客の満足度
●社内プロセスの視点－業務の効率化と品質
●学習と成長の視点－社員と組織の能力向上

4 財務の基本的な考え方

(1) 財務の役割とは

企業活動には資金が必要です。企業活動における「血液」である資金を調達し、短期・長期の資金計画を策定し、手元資金の管理・運用を行うのが財務の役割です。

財務活動は金融機関や投資家で構成される金融市場と密接にリンクしています。したがって、企業が資金調達や運用を行うためには、金融市場に関する理論や知識が不可欠です。

(2) 金銭には時間的価値がある

ファイナンスの世界では、「金銭には時間的価値がある」と考えられています。簡単に言うと、「将来のキャッシュは現在のキャッシュよりも価値が低い」ということです。例えば、手元に今ある100万円は1年後の100万円より価値が高いとみなされます。将来生み出されるであろう100万円は現在の100万円より価値が低いのです。

将来のある金額（将来価値：Future Value）と同等の価値がある現在の金額を「現在価値」（Present Value）と呼び、その換算に使う利率を「割引率」（Discount Rate）と呼びます。仮に割引率を10％と仮定すると、1年後に受け取る予定の100万円の現在価値は90・9万円（100万円÷〈1＋0・1〉）しかないことになります。資金の現在価値は時間が経つほど小さくなります。

(3) 現在価値を算出するDCF法

金銭の時間的価値の考え方に基づいて、資産の現在価値を算出する手法がDCF法（Discounted Cash Flow Method：割引キャッシュフロー法）です。これは資産の金銭的

図表7-4
家賃収入の現在価値

1年目	300万円÷(1＋0.05) ＝285.71万円
2年目	300万円÷$(1+0.05)^2$＝282.11万円
3年目	300万円÷$(1+0.05)^3$＝259.15万円
……	……
10年目	300万円÷$(1+0.05)^{10}$＝184.17万円
10年間合計の現在価値(PV)	2,316.5万円

価値は、「その資産が将来生み出すであろうキャッシュフローの現在価値」であるとする考え方です。

例えば賃貸用アパートという資産を保有していて、そこから得られる家賃収入が年間300万円だと想定します。今後10年間に得られるであろう家賃収入の合計は単純に計算すると3000万円（300万円×10年）ですが、ファイナンスの世界ではそう単純ではありません。

未来において得られるであろう金銭の価値は現在価値に置き換えると目減りするわけですから、1年後以降に得られる収入の現在価値は年を追うごとに小さくなります。仮に割引率を5％と仮定すると、このアパートの持つ金銭的価値は2316・5万円相当の現在価値しかないということになります（図表7－4）。

企業活動において投資を行う際には、そこから生まれるであろう金銭的価値を現在価値に置き換えて、投資収益性を考えなくてはいけません。

5　資金調達と価値創造経営

(1) 資金調達は負債と株主資本の組み合わせ

企業の資金調達は一般に「負債」（Debt）と「株主資本」（Equity）に分類されます。負債は俗に言う「借金」です。ただし、金融機関からの借入金や社債だけでなく、現金決済を一定期間猶予してもらう買掛金や支払手形（支払債務）も含まれます。負債は相対的に手続きが簡単ですが、利払いや元金返済が求められます。株主以外の外部の資金に依存することから、外部資本とか他人資本とも呼ばれます。

株主資本はその名の通り、株主に帰属する資本で、資本金、法定準備金、内部留保が含まれます。株主に対しては配当という形での利益還元が行われますが、負債における金利が固定的であるのに対し、配当は業績に応じて弾力的に決定することができるというメリットがあります。

企業はこの2つの手段を組み合わせて、必要な資金を調達するのです。

(2) 資金調達手段の変化

金融の自由化と国際化の流れのなかで、資金調達の手段は大きく変化してきました。敗戦後、日本の資本市場は未発達、未整備で、企業は必要な資金を銀行からの借り入れを中心とした「間接金融」に依存せざるを得ない状況が長く続きました。結果として企業の借入残高は増え続け、資金調達における銀行依存の状況が固定化されたのです。

1990年代に入り、円の国際化、日本の金融・資本市場の自由化・国際化が進むなかで、企業が証券市場を通じて資金を直接調達する「直接金融」の手段が多様化しています。その代表例が社債やコマーシャル・ペーパー（CP）で、その発行残高は大きく伸びています。銀行をはじめとする金融機関の経営も盤石ではなくなりつつあり、これまでの銀行融資に頼った資本政策はもはや現実的ではありません。資金調達手段の多様化に伴い、安全かつ低リスクな資金調達に向けて、自律的な資金のマネジメントが求められています。

(3) 株主を重視するROE経営

資金調達手段が間接金融から直接金融へとシフトする流れと同時に、株主資本重視の経営が日本でも定着しつつあります。欧米では以前より株主から預かった資本を効率的に運用し、最大限のリターンを株主に還元することが重視されてきましたが、日本では銀行などの金融機関や系列と呼ばれるグループ企業が大株主になっていたこともあり、株主還元の意識が希薄だったと言えます。

しかし、日本企業でも株式の持ち合いが減り、海外株主の比率が高まったことにより、機関投資家や個人投資家を重視した経営が求められています。企業の価値を高めることに主眼を置き、投下資本を上回る価値の創造を目指す経営のことを「価値創造経営」（VBM：Value Based Management）と呼びます。

株主資本に対する利益率を測る指標がROE（Return On Equity）です。ROEとは株主が出したお金に対するリターン率（利回り）のことです。欧米の大企業が平均20％程度のROEを確保しているのに対し、日本の大企業は5％程度であり、海外の投資家にとっては魅力ある投資先ではありません。株主資本を充実させるためにはROEというモノサシを常に意識しなければなりません。

ＲＯＥとは税引き後利益と株主資本の比率です。ＲＯＥを高めるには税引き後利益を高めることと株式を買い戻して消却することの２つの方法があります。株式の買い戻しはＲＯＥを高める手っ取り早い方法ですが、資本が脆弱となり長期的には経営の弱体化につながります。

第8章

戦略を「実行」する
——オペレーションのマネジメント

ミニケーススタディ❼

現場力で社会に必要とされる会社を目指すソシオーク

ソシオークグループは給食事業、学童&児童館事業、保育園事業、自動車運行管理事業などを営む会社です。「社会と共生する樹でありたい」とする理念を掲げ、社会に必要とされる会社を目指しています。

売上高は約200億円。近年、順調に売上を伸ばし、収益率も大きく改善し、組織は活性化しています。

しかし、以前はそうではありませんでした。売上最優先でひた走ったため、現場はどこも疲弊していました。「現場こそ生命線」の会社でありながら、現場は目の前の仕事をこなすだけで手一杯で、働く喜びを感じられない状態に陥っていました。

大きな危機感を抱いた大隈太嘉志社長は、「会社を現場から元気にしよう」と考え、現場力強化の取り組みを開始しました。社員全員が高い当事者意識を持ち、自律的、自発的、継続的に改善に取り組むボトムアップ型の組織を目指したのです。

まずは最も疲弊が深刻だった病院・介護施設の給食現場の責任者を対象とした「現場力

ワークショップ」を2014年に開催し、現場力の重要性、改善の進め方などを指導する研修を開始しました。その後、すべての部門の現場責任者を対象にこのワークショップを広げ、現場力の考え方が組織内に徐々に浸透していきました。

同時に、現場の優れた改善の取り組みを表彰する「ソシオークアワード現場力部門」を制定しました。選定された10チームは、約700人が集うグループ全体の年2回の会合でプレゼンし、グランプリなどが決定します。

現場での改善活動は徐々に広がりを見せ、今では年間3000件以上の改善事例が本社に寄せられるようになっています。目の前の仕事をこなすだけだった現場が、自らさまざまな問題を発見し、解決する能力を身につけ、大きなやりがいを感じるようになってきたのです。

こうした取り組みは会社の業績にも表れています。現場力によってコスト改善が進んだり、お客さまの信頼感が高まることによって適正利益が確保され、増収増益を続けています。

現場力を高めるには、時間がかかります。一過性の取り組みでは、現場力は根付きません。経営者と本社と現場が三位一体となった息の長い取り組みが求められているのです。

1 「実行」を担う強いオペレーションをつくる

(1) オペレーションとは「業務連鎖」

オペレーションという言葉は日頃何気なく使っていますが、その定義はまちまちであり、使い方も定まっていません。よく使われるのは、製造業における生産管理業務全般をオペレーションと呼ぶ使い方です。この場合は効率的に品質のよいモノづくりを行うことを指しています。また、製造業にかかわらず、日常的なルーチン業務を回すことをオペレーションと呼ぶケースもあります。

しかし、企業経営を考えるうえでは、オペレーションをより戦略的かつより包括的に捉える必要があります。どの企業にもオペレーションは存在します。そのオペレーションの本来的な役割は、持続的な競争上の優位性を生み出すためのシナリオである競争戦略を遂行し、収益を企業にもたらすことです。まさにオペレーションは戦略の「実行」部分を担っているきわめて重要な企業活動なのです。

オペレーションは生産現場という狭い分野に限定したものではなく、また単に決められた日常業務をこなすだけの戦略性の低いものでもありません。現実にはオペレーションの優劣こそが企業の競争力を決定し、業績を大きく左右しているのです。

製造業、サービス業に関係なく、オペレーションを最も適切に表現する言葉として「業務連鎖」が挙げられます。業務連鎖とはまさに「仕事のつながり（チェーン）」のことです。言うまでもなく、企業活動は部門や組織の壁を超えた共同作業によって成り立っています。仕事はつながってはじめて価値を生みます。横の連携がよく、スムーズに業務や情報が流れる企業は戦略を着実に実行し、収益を上げることができます。一方、いくらよい戦略を立案しても、業務や情報のつながりの悪い企業では大きな成果を上げることはできません。

オペレーションとは企業活動の基盤となる業務連鎖のことであり、オペレーションの品質とは業務連鎖の品質であることを理解することが重要です。

(2) 組織能力を測る4つのモノサシ

業務連鎖を意味するオペレーションには数多くの人間が集団として関与しています。したがって、オペレーションはそうした集団の持っている力、すなわち「組織能力」として捉えることが大切です。

実際、同じ業種で同じような仕事の流れを設計しても、同じ成果が得られるわけではありません。ある企業では業務連鎖に関与する全員が高い意識を持ち、協力し合って実行するのに対して、別の企業は業務の連携が悪く、時間が余計にかかったり、コストが高くついたりします。組織能力であるオペレーションには企業間格差があり、その優劣が競争力と直結しているのです。

オペレーションに内包される組織能力は一般に次に挙げる4つのモノサシで測定することができます。

●スピード　スピードは現代の企業経営における最大の優位性のひとつです。代表例として、製造業における納入リードタイムや新製品の開発リードタイム、サービス業における顧客対応のスピードなどが挙げられます。

●品質　業務上の失敗やミス、漏れといった業務品質の劣化がないように、業務連鎖全体の品質向上を実現することがコストダウンと顧客満足度の向上につながります。

●コスト　ムダ・ムラ・ムリを徹底的に排除し、業務連鎖全体で経済合理性を追求し、コスト競争力を確保することがオペレーションの大きな役割です。

●持続性　オペレーションに完璧はありません。どんなに優れたオペレーションを確立している企業でも、次から次に問題は発生します。オペレーションを常に進化させ、より高度なものにするためには粘り強く、継続するという企業風土をつくり上げることが肝要です。

(3) 模倣されにくい「オペレーショナル・エクセレンス」

オペレーションに内包されている組織能力が卓越し、競争上の優位性にまで高められている状態を「オペレーショナル・エクセレンス」と呼びます。オペレーショナル・エクセレンスを実現している企業とは、戦略を実行する組織能力が秀でていて、優れた結果を出すことのできる柔軟な頭脳と強靭な足腰を持つ企業と言えます。

オペレーショナル・エクセレンスの特長は、持続力の高い優位性を生み出すことです。競争戦略で差別化しようとしても、競合他社から追随される可能性が高く、戦略自体が保証する優位性の期間は思っているよりはるかに短いものです。

その一方、企業の組織能力であり、総合力であるオペレーションは簡単に他社が真似できるものではありません。時間をかけて磨き続けてきたオペレーションに内包される組織能力を模倣するのは容易ではなく、その結果、持続力の高い優位性を企業にもたらすのです。

それでは、オペレーショナル・エクセレンスの追求によって目指すべき優位性はどのようなものなのでしょうか。ひとつ目は圧倒的な業務効率性の実現による「コスト優位性」です。品質や安全を確保したうえで、業務連鎖に潜むムダ・ムラ・ムリを徹底的に取り払い、コスト面での優位性を確立する必要があります。

2つ目は「新たな顧客価値の創出」です。オペレーショナル・エクセレンスを確立している企業は、業務遂行の過程において新たな商品やサービスを生み出す起点となるお客様のニーズやウォンツを肌で感じることができます。新たな価値を生み出す「触覚」としての機能が優れているのです。

オペレーションというと、とかく企業の内部活動と捉えられがちですが、オペレーションの着地点はあくまでお客様であることを忘れてはいけません。「すべてはお客様のために」「すべての業務はお客様につながる」――こうした意識をオペレーションに携わるすべての人間が共有することがオペレーショナル・エクセレンスへの第一歩なのです。

図表８-１
日本の製造業の海外生産比率推移

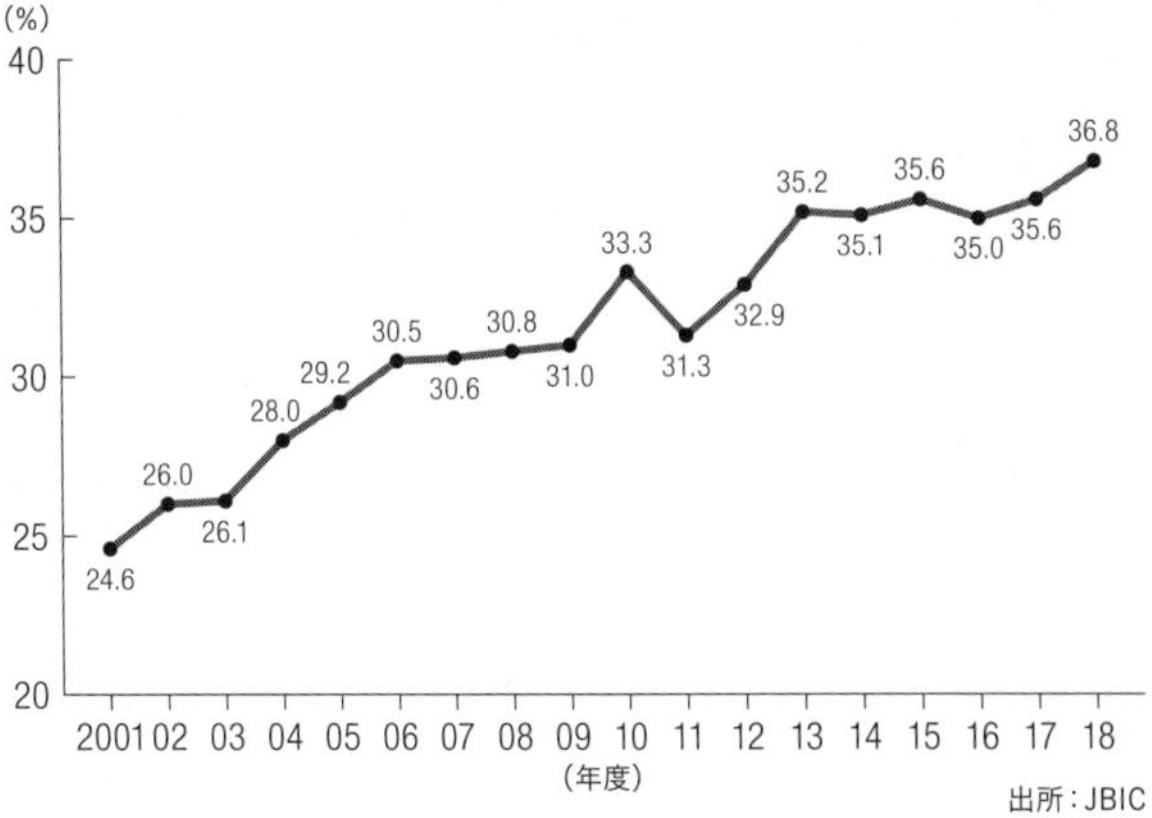

出所：JBIC

(4) オペレーションのグローバル化と国内回帰

日本企業のグローバル化の進展に伴い、必然的にオペレーションが海外に拡大してきました。国際協力銀行（ＪＢＩＣ）の調査によると、２０１８年度の日本の製造業の海外生産量は全体の36・8％となり、過去最高となっています。２００１年には25％程度だったので、海外依存度が高まっていると言えます（図表８－１）。

業界別に見ると、繊維・アパレル業界が55％、自動車業界は44・8％、電機・電子業界が33・5％となっています。こうした海外移転の動きにより、いわゆる「空洞化」

と言われる現象が起きています。

少子高齢化により国内需要が低迷し、加えて日本の人口が2060年までに3分の2に減少し、8670万人まで落ち込むと予想されるなかで、市場と労働力を求めて日本の製造業が海外シフトを加速するのは必然と言えます。

こうしたマクロ的な要因に加えて、日本の事業環境が諸外国と比べて不利な点も「日本脱出」の要因として挙げられます。一般に「六重苦」と呼ばれるものです。

「六重苦」とは①円高、②高い法人税、③自由貿易協定への対応遅れ、④製造業の派遣禁止などの労働規制、⑤環境規制の強化、⑥電力不足です。これらのうちのいくつかの要因は解消されつつありますが、それでも海外シフトの流れはなかなか止めることができませんでした。

しかし、この流れも少しずつ変化を見せ始めています。アジア諸国での人件費の高騰や品質管理上のリスク、さらには米中貿易摩擦の影響などを考慮し、日本国内での生産に回帰する動きも出始めています。

経済産業書の「2019年版ものづくり白書」によれば、「過去1年に生産拠点の国内回帰の動きがある」と答えた企業は全体の12・5%に上り、その半数以上は中国・香港か

図表8-2
日本の業種別対外直接投資残高シェア

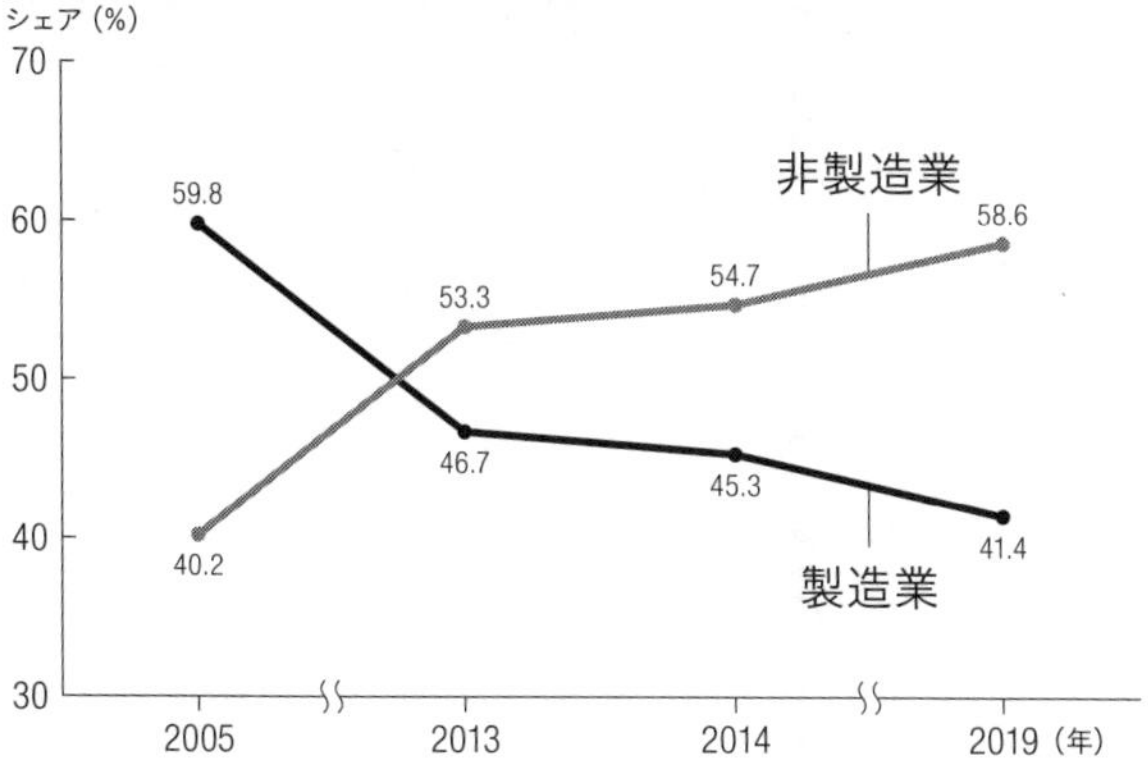

出所：ジェトロ

ら国内に戻しています。

さらに、新型コロナウイルスによる影響も今後出てくることが予想されます。海外生産への過度な依存のリスクが高まり、サプライチェーン（供給網）全体の再編に取り組み、国内回帰を検討する企業が増えています。

例えば、半導体大手のロームは、労働集約的な後工程は海外拠点を活用していましたが、工程の自動化を進め、後工程も国内で対応できる体制の整備を検討しています。

製造業が国内回帰の動きを見せる一方で、非製造業の海外シフトは堅調に推移しています。ジェトロの調査によると、対外直接投資残高に占める非製造業のシェアは、

２００５年末の40・２％から２０１９年末には58・６％へと上昇し、製造業を逆転しています（図表８－２）。

業種別に見ると、近年大型Ｍ＆Ａが続いた金融・保険業のシェアが20・９％で最も高く、これに卸売・小売業が15・２％で続いています。国内市場が縮むなかで、非製造業が海外に成長機会を求めていることが見て取れます。

課題は収益性です。２０１９年の対外直接投資収益率を見ると、製造業が８・６％に対し、非製造業は７・４％にとどまっています。投資に対する十分な収益がまだ得られていないことがわかります。

２　オペレーションを継続的に進化させる

(1) 絶え間ない改善を実践する

オペレーションに問題のない企業は存在しません。どんな企業にもオペレーション上の問題は存在し、たとえ目の前の問題を解決しても、次から次に新たな問題が発生します。

それは「改善の機会は無限に存在する」ということでもあります。改善の本当の意味は、目先の問題を解決することではなく、「絶え間ない改善」(Continuous Improvement)を実践し、オペレーションを継続的に進化させることです。

「ちまちまとした目先の改善だけやっていても会社はよくならない」といった改善否定論とも言える指摘をよく耳にしますが、それは改善の本質を理解していない人の発言です。改善とは決して目先のムダ取りだけを指す言葉ではありません。

改善にも、その大きさや範疇によって「自分が担当する業務の改善ができる」「前後の工程も視野に入れたプロセスやしくみの改善ができる」「自らが改善するだけでなく、より大きな効果を上げるための人材育成やしかけの開発ができる」といった多段階のレベルが存在します。より高度なレベルの改善を実現できる人材を多く育成することによって、オペレーショナル・エクセレンスが可能となるのです。

地道な改善を組織として継続的に実行できる能力のことを「現場力」と呼びます。製造業に限らず、小売業やサービス業においても「現場力」の重要性はますます高まっています。継続的なコストダウン、品質改良、リードタイム短縮、サービス改善などの付加価値は「現場力」によって生み出されるのです。

改善活動を進めるうえでの基本が、ＰＤＣＡサイクルです。ＰＤＣＡとは、Plan－Do－Check－Action の略で、業務標準や業務ルールに基づいて仕事を実施し、その仕事の結果を検証し、よりよい仕事のやり方に改善するという一連の自律的なサイクルを確立することが、オペレーションの進化には不可欠です。

ＰＤＣＡサイクルが定着しているトヨタでは、さらに進化して「ＰＤＣＡＡ」という新たなサイクルが展開されています。これは従来のサイクルに「Achievement」（効果検証）を加えたもので、改善のための施策（Action）がどのような効果をもたらしたのかをきちんと検証することの重要性を再認識しようとするものです。常に改善の「質」を問い、やりっぱなしにしない考え方が表れています。

(2) ビジネス・プロセス・リエンジニアリング(ＢＰＲ)の考え方

ＢＰＲ（Business Process Reengineering）とは、業務プロセスを抜本的に見直し、仕事の流れを再設計することです。どの企業にも業務上の問題点は無数にあります。しかも、その多くは組織上の部門や部署をまたがって発生しています。前工程の仕事のミスが後工程で大きな支障をきたしたり、部門間で情報の共有ができていないため業務の遅延やロスが発生したりします。

ＢＰＲの考え方は縦割りの組織単位で業務を見直すのではなく、あくまで業務をプロセスとして捉え、「仕事の横の流れ」がスムーズに淀みなく流れるように再設計することです（図表8－3）。開発や生産、営業といった機能単位ではなく、製品開発プロセスや顧客対応プロセスといった機能をまたがる横の流れに着目し、そのプロセスに関わるすべての部門が参画し、プロセス全体の生産性向上を目指します。機能別の部分最適の発想ではなく、全体最適の視点でプロセスをゼロベースで再設計することが求められます。

図表8-3
BPRの考え方

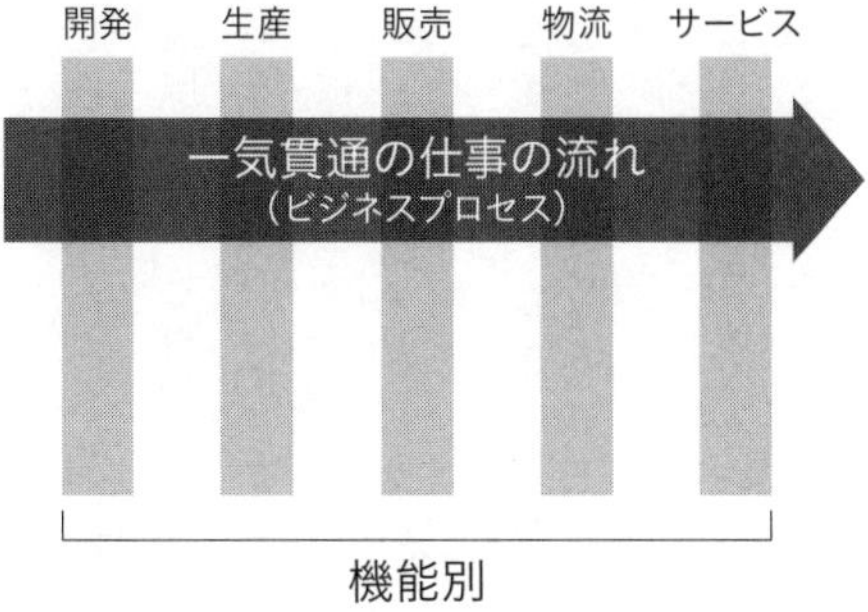

その際、ＩＴを効果的に使うことが肝要です。付加価値の低い業務を自動化したり、機能間での情報共有を促進したりするために、ＩＴは効果的

な道具（ツール）となります。

ＢＰＲは仕事のやり方を変えるだけにとどまらず、組織のあり方や業績評価の考え方、さらに組織風土なども視野に入れた企業全体の変革に結びつけて考えることが重要です。

また、ＢＰＲは継続的に取り組むべきものです。ＢＰＲを一度行ったからといって、業務上の問題が根絶されるわけではありません。環境変化に合わせて、業務プロセスは常に進化していかなければならないのです。

(3) サプライチェーン・マネジメント（ＳＣＭ）で全体最適を追求する

業務プロセスの考え方を企業内の活動だけに限定せず、原材料の供給者から消費者に至る一連の業務のつながり（サプライチェーン）を統合的な視点から見直し、再設計するコンセプトがＳＣＭ（Supply Chain Management）です（図表８－４）。サプライチェーンに関与するプレーヤーが、企業や組織の壁を超えて情報共有を行い、それぞれの場で発生していたムダを排除するとともに、ビジネスのスピードを飛躍的に向上させ、全体最適を追求しようとする考え方と言えます。

従来の製品の供給は「プッシュ型」と呼ばれ、販売計画に基づいて計画生産を行い、製

図表8-4
SCMのしくみ

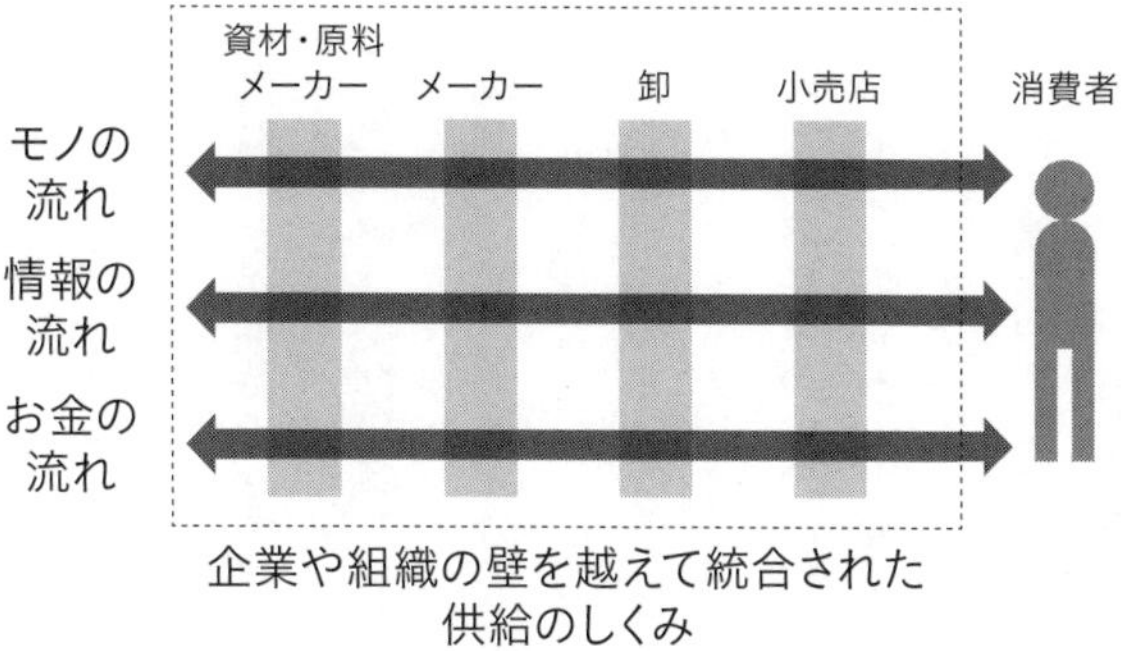

品を供給のパイプラインに押し込んでいくやり方が主体でした。高度成長期のように、需要が常に供給を上回っている時には、それでも製品が売れ残ることは多くありませんでした。しかし、需要が低迷し、さらに消費者のニーズが多様化するなかでは、従来のような押し込み生産を続けていたのでは、売れない製品がパイプラインに大量の在庫としてたまり、企業収益を圧迫するようになりました。

そこで、実際の消費者の注文（実需）に基づいて、必要なものを必要なだけスピーディーに生産し、極力在庫を減らす必要が出てきました。これを「プル型」と呼びます。

実行するためには、一企業が単独で取り組んでも限界があります。上流の資材や部品の供給業者、下流の流通業者や消費者、間をつなぐ物流業者までをも巻き込みながら、チェーン全体で情報を共有し、無駄なコストと時間を排除する取り組みが求められているのです。

ＳＣＭの取り組みにより、在庫の圧縮、リードタイムの短縮、生産設備の有効活用、管理コストの削減などが期待できます。

(4) TOC（制約条件の理論）で全体の生産性を高める

オペレーション改善の基本となるのが、ＴＯＣ（Theory of Constraints）と呼ばれる考え方です。「工場の生産性はボトルネック（＝制約条件）工程の能力以上には向上しない」という原理の下、ボトルネックとなる工程に的を絞って改善を図り、全体の生産性を高める理論です。ボトルネックとは、例えば製造ラインのある工程の機械のところでいつも作業が滞るとか、ある特定の人の作業が著しく遅れるなどといったことを指します。

地道な改善活動はもちろん重要ですが、いくら個々の改善を積み重ねても、ボトルネックが解消できなければ全体としての生産性は決して高まりません。ボトルネックを見つけ出し、その工程の能力や生産性を高めたうえで、他の工程をボトルネック工程の生産能力に同期させることが、無駄なく全体の生産性を高めることにつながります。

この考え方は決して工場だけに限定したものではなく、サービスも含めたすべてのオペレーションに適用できる汎用性の高い考え方です。

3 変わり続ける品質管理

(1) 生産システムの進化

オペレーションの重要な部分を担う生産現場は、市場環境・競争環境の変化、ＩＴを含めた技術革新の進展によってその様相を大きく変えてきました。労働集約的、家内工業的色彩の強かったモノづくりの現場に、近代的管理手法を提唱したのは米国のＦ・Ｗ・テイラーです。「科学的管理法」と呼ばれるその手法は、仕事の標準化やマニュアル化を推進し、分業による大量生産体制の基盤となる考え方となりました。工場における生産工程や生産作業の体系化が進んだのです。この考え方はＩＥ（Industrial Engineering）へと進化し、生産現場における生産性を向上させるさまざまな手法が生まれ、定着しています。工程分析、動作研究などの方法研究、時間研究、稼働分析などの作業測定を通じて、モノづくりを科学的に考えるベースとなっています。

大量生産から多品種・少量生産の時代へと変化するなかで、より柔軟性の高い生産システムが求められるようになり、ＮＣ工作機などの自動化機械やロボットを駆使したＦＭＳ（Flexible Manufacturing System）や開発・設計・資材発注・製造・検査・出荷・販売までの一連の業務の流れと情報の流れを統合的に管理するＣＩＭ（Computer Integrated Manufacturing）などの生産システムが普及しています。

(2) 高度な技能が求められるセル生産方式

汎用品の大量生産がコストの安い中国などの海外生産へとシフトするなかで、国内生産を維持するために採用されたのがセル生産方式です（図表８－５）。「セル」とは「細胞」の意味で、ひとりから数人のグループが部品の取り付け、組み立て、加工、検査までの全工程を自己完結的に行う生産方式です。主に多品種生産品に適しており、より付加価値の高い製品やモデルチェンジが頻繁に行われる製品を中心に採用が拡大しています。

生産品目の変更が柔軟に行えたり、それぞれのセルが自己完結的に作業を行っているた

図表8-5
セル方式とベルトコンベア方式の違い

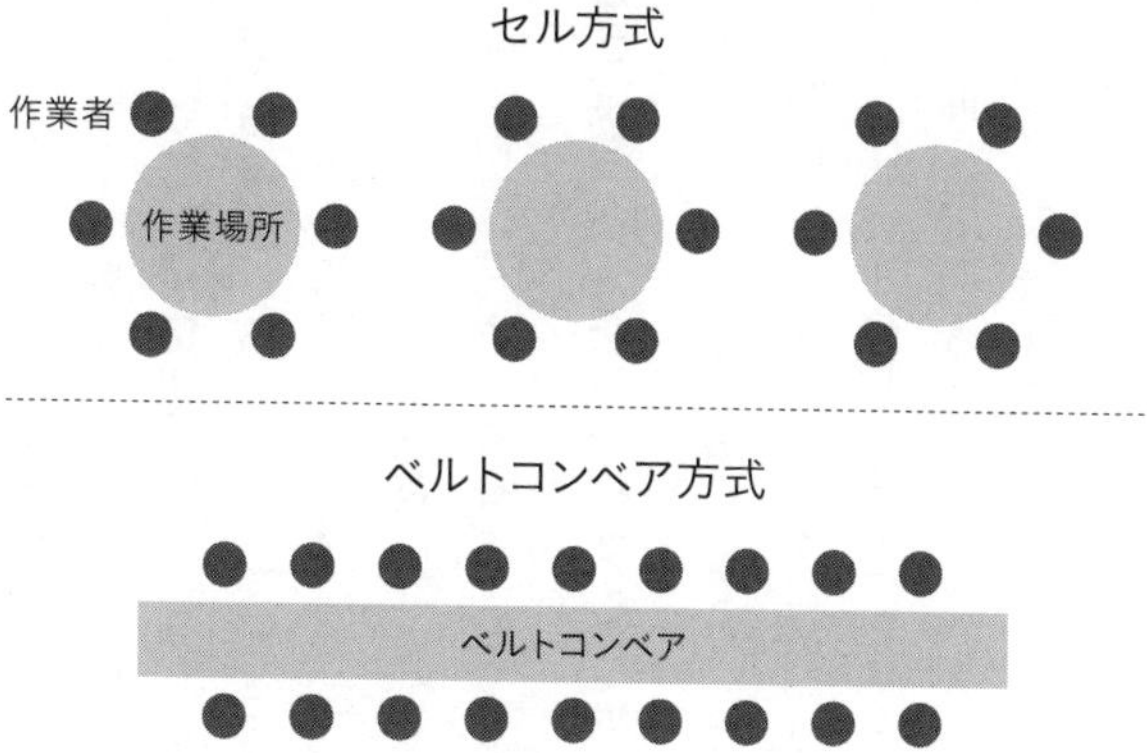

め、どこかの作業が滞ってもライン生産のように全体に大きな影響を及ぼすことがないなどのメリットがあります。一方、セル生産は高度な熟練技術が要求されるため、人材育成に時間がかかります。多くの企業がマイスターと呼ばれる高度技能者の育成に力を入れています。

(3) 品質管理の進展

モノづくりにおける生産性や柔軟性の向上とともに重要なのが、品質管理です。品質はモノづくりの過程で「つくり込む」のが基本であり、その中核となる考え方が、TQC（Total Quality Control）と呼ばれる「全社的品質管理」です。品質を経営の最優先課題として設定し、開発・設計から販売・サービスに至るすべての過程において品質保証を徹底する活動です。そのひとつの例として、QCサークルが挙げられます。品質の向上を目的とした小集団活動であり、こうした草の根的な活動を徹底することによって、品質に対する現場の意識が向上していきます。

TQCから発展したのがTQM（Total Quality Management）です。1990年代に米国で生まれた考え方で、品質経営を企業の全組織で体系的に展開する活動と言えます。国際的な品質の標準規格であるISO9001は、TQMの実現に向けたツールです。

(4) GEを復活させたシックスシグマ

TQM以降の品質管理手法として有名なのが「シックスシグマ」です。この考え方はもともと工業製品の不良率を下げるための管理手法として誕生しました。シグマとは統計用語で、「標準偏差」を意味します。シックスシグマとは、製品のばらつきを6シグマのレベル以内に抑えるという考え方です。6シグマとは「100万回の内3～4回」というレベルを指します（図表8－6）。

品質管理には以前より「ゼロディフェクト」（欠陥率ゼロ）という考え方がありますが、

図表8-6
シグマと歩留まり率

シグマ	歩留まり率（%）
1.0	30.9
2.0	69.2
3.0	93.3
4.0	99.4
5.0	99.98
6.0	99.9997

シックスシグマではゼロは追求していません。これはゼロを追求するとコストが際限なくかかってしまい、合理的ではないという発想に基づいています。

シックスシグマはあらゆる作業を数値化し、不良の発生率や故障率を徹底的に測定し、改善を進めるのが特徴です。この活動によって、経営危機に陥っていたGEは奇跡の復活を遂げました。GEはシックスシグマを単なる品質向上の手法と位置付けることはせず、顧客の視点を重視する企業風土を回復させる経営改革手法として全社に導入しました。

日本企業のQC活動が現場主導のボトムアップで行われるのに対して、シックスシグマは経営トップの定めたテーマにしたがって品質管理のスペシャリストが職場の問題点を探り、改善を進めることが大きな特徴と言えます。また、すべての作業を数値化し、分析・測定を徹底させることもシックスシグマのポイントとなります。

さまよう日本のモノづくり

新興国の人件費上昇や新型コロナウイルス感染拡大の影響で、繊維などの労働集約型産業の生産が国内に回帰する動きが出ています。しかし、それは全体で見れば一部にすぎません。

造船や鉄鋼など多額の設備投資が必要な資本集約型産業は、市場の成長性や将来の固定費負担などを考えると、国内回帰できるような状況にありません。

実際、三井Ｅ＆Ｓホールディングスは国内の船舶建造からの撤退を決めました。商船や艦船などの建造の大半を海外の協業先での委託生産に移し、国内は設計や開発を中心としたファブレス化を進めようとしています。

鉄鋼業界もコロナ下の需要減が常態化すれば、３割程度の生産過剰になると言われています。国内生産を縮小し、海外に活路を求める方向性を打ち出しています。

日本製鉄は東南アジアなどで現地企業を買収し、海外における生産能力を高めようとしています。その一方で、競争力が見込めない国内設備は減らしていく方針を打ち出しています。

これまでは海外では生産できない高付加価値品の生産で活路を見出してきましたが、中国勢などが力をつけ、競争は激化しています。「メード・イン・ジャパン（Made in Japan）」が大きな岐路に立っていると言えます。

第9章

停滞を克服し、新たな成長を実現する

――成長と再生のマネジメント

ミニケーススタディ⑧

世界一の電子顕微鏡をつくる日本電子の再生と成長

東京都昭島市に、ノーベル賞受賞者をはじめ世界中の一流科学者たちが詣でる会社があります。その会社は日本電子。世界の科学者たちの間では、ＪＥＯＬの愛称で知られています。

この会社は世界一の電子顕微鏡メーカーです。フラッグシップ製品である「ＪＥＭ－ＡＲＭ２００Ｆ」は、物質の最小単位である原子を見ることができます。この顕微鏡がなくてはノーベル賞はとれないと言われるほどの製品です。

これほどの技術力がありながら、日本電子の業績は低迷していました。メード・イン・ジャパンにこだわる日本電子にとって、超円高は厳しい逆風でした。国の科学振興費は大幅に削減され、日本の製造業の低迷も加わり、官民ともに需要は減少していました。

社内的にも大きな問題を抱えていました。部門間、関係会社間の壁による縦割り組織の弊害、甘いコスト意識、固定費の増大など、高い技術力を活かせず、低収益にあえいでいました。

2008年に就任した栗原権右衛門社長は思い切った構造改革を断行しました。500人規模の人員削減により約40億円の固定費を圧縮。関係会社5社を本社に統合し、組織の一体化を目指しました。

また、大括りだった事業単位を8つの事業ユニットに再編。意思決定・実行を迅速化させ、責任を明確にしました。事業ユニット長には若手の執行役員クラスを抜擢しました。

さらに、社内の風土改革にも着手。内向きになってしまっていた体質を、オープンで風通しのよい組織に変えるため、さまざまな施策を講じたのです。こうした改革が功を奏し、日本電子の業績は急回復しました。2019年度は売上高1172億円、営業利益70億円と、いずれも過去最高を更新しました。

2019年の会社創立70周年を機に、「70年目の転進」というメッセージを内外に発信し、さらなる事業拡大を目指しています。

1 成長戦略と多角化

(1) なぜ、成長し続けなければならないのか

企業は成長しなければならないと言われますが、なぜでしょう。株主から預かった資本を最大限に活用して、新たな付加価値・収益を生み出すことこそが経営者に与えられた使命です。そのためには現状に安住せず、新たなビジネスチャンスに挑戦し、その結果企業価値を高めていかなければなりません。

たとえ今成功していても、その状態が未来永劫続くわけではありません。市場や競争環境は変化し、今の成功が将来の成功である保証はないのです。常に未来志向で成長を追求することこそが企業価値を高める唯一の方法なのです。

成長の必要性は株主に対してだけではありません。新たな可能性に挑戦することによって、組織の沈滞化を防止し、人材を育成・活性化することにもつながります。成長していない企業からは組織の活力が失われ、やがては本来的な競争力にまで影響を及ぼします。

しかし、その一方で成長にはリスクが伴います。成長を求めて新たな分野に出て行けば、限られた経営資源の分散につながります。異なる複数の事業をコントロールする多角化のマネジメントも容易ではありません。また、新たな分野における「土地勘」がなく、事業の失敗につながる可能性もあります。こうしたリスクを極小化しながら、成長を模索しなければならないのです。

(2) 急成長は歪みをもたらす

企業の成長を考えるうえでの基本は「安定成長」を追求することです。停滞することなく、緩やかかつ継続的に成長することによって、「成長の歪み」を最小限に抑えることが可能になります。

ＩＢＭを再建したガースナー氏はこうした経営を「プラトー型モデル」と呼んでいます。プラトーとは「高原」のことで、高原のようななだらかな成長が理想であるとガースナーは主張しています。

これに対比されるのが「マッターホルン型モデル」で、ガースナーは「マッターホルンのように売上高が急進する会社は、そのプラス要因が失われた時急降下する。急拡大、急降下は株主やユーザーから歓迎されない」と述べています。

もちろん立ち上げ時の企業には急成長はつきものです。しかしその場合でも、急成長は経営に歪みをもたらす可能性があることを常に念頭に置く必要があります。

(3) アンゾフのマトリクス

事業にはライフサイクルに基づく〝寿命〟があることは説明しました。事業によってその寿命の長さは異なりますが、どんな事業でもやがては成熟や衰退を迎えます。したがって、企業が成長を続けるためには事業の多角化を行う必要があります。

多角化を検討する際に有効なのが、H・I・アンゾフが提唱した製品・市場マトリクスです（図表9－1）。

事業拡大の方向性を、事業（製品）軸と市場軸のマトリクスで考えます。事業拡大の第1の方向性は、既存事業の既存市場における深掘りです。現在行っている事業のさらなる市場浸透（ペネトレーション）を目指します。2つ目の方向性は、既存事業の新市場展開です。海外への拡大や新たな顧客層の開拓などがこれに該当します。3つ目の方向性は、既存市場において新事業を展開する考え方です。これまでの顧客ベースを活かし、新たな

図表9-1
アンゾフの製品・市場マトリクス

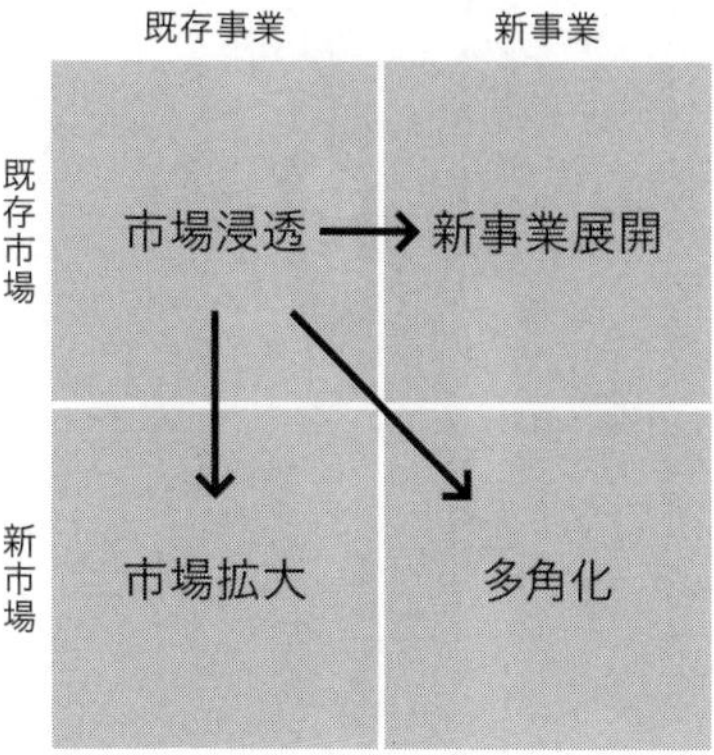

事業を広げることになります。そして、最後の方向性は、新事業を新市場で展開するという「飛び地」的なアプローチです。

企業が成長を続け、安定経営を目指すためには多角化を検討する必要がありますが、実際にはやみくもに多角化を行っても、成功する確率は決して高くありません。そのひとつの理由として、事業にはそれぞれ異なる事業特性やゲームのルールがある点が挙げられます。成長性の高い事業が見つかっても、その事業で優位性が構築できるだけのコア・コンピタンスや経営資源を持っていなければ、決して勝ち組にはなれません。事業の魅力度だけで判断するのではなく、培ってきたコア・コンピタンスの活用やこれまでの事業との共通性、シナジーを念頭に置いた戦略的な多角化を行う必要があります。

セコムは創業以来、「安心・安全」という事業ドメインのなかで持続的な成長を遂げています。「安心・安全」は比較的未成熟な事業分野であり、大きなビジネスチャンスがあります。しかし、その一方で同じ事業ドメインであっても、それぞれの事業は異なる事業特性を持っており、競争環境もさまざまです。

セコムの本業である「警備」ビジネスと今後の成長の柱にしようとしている「医療」ビジネスは「安心・安全」というキーワードでは括れますが、まったく異質の事業です。セコムは新しい分野では、小さく始めて、一歩一歩学習しながらリスクを極小化するアプローチをとっているのです。

2 両利きの経営——深化と探索でイノベーションを生み出す

(1)「知の深化」と「知の探索」を高次元でバランスさせる

「両利きの経営」とは既存事業の強化（知の深化）と新規事業の創出（知の探索）のどちらか一方ではなく、両方を同時に追求する経営、つまりあえて「二兎を追う経営」を実現させることを意味しています。

既存事業と新規事業、どちらも経営にとって大切であることは言うまでもありません。

にもかかわらず、なぜ「両利き」を強調する必要があるのでしょうか。

それは、一般的には「既存事業の深化」に偏りがちで、「新規事業の探索」がおろそかになりがちだからです。とりわけ近年の日本企業はその傾向が顕著で、新規事業が育っていないという大きな課題を抱えています（図表9－2）。

図表9-2
両利きの経営

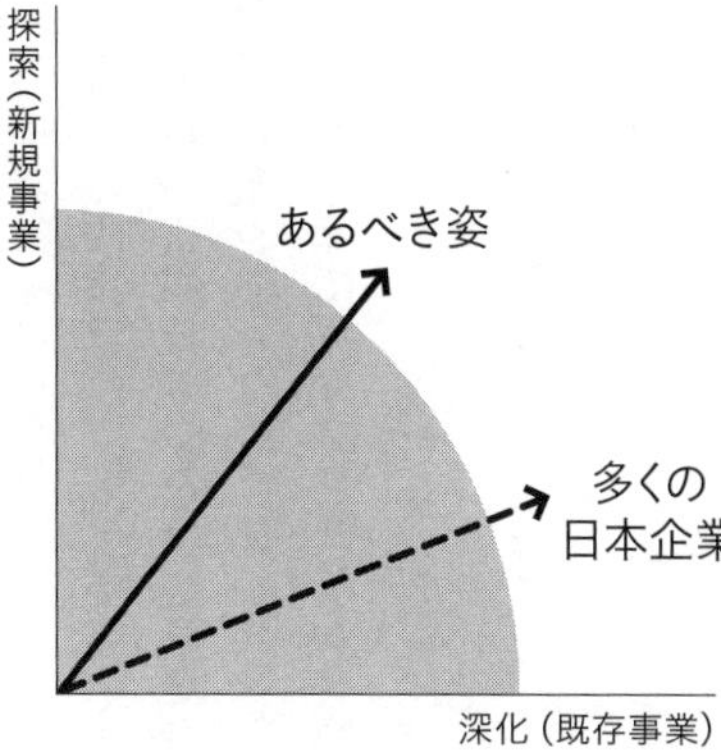

その理由は明白です。「既存事業の深化」はこれまでやってきたことの延長線上にあるので、比較的取り組みやすく、成果にも結びつきやすいと言えます。一方、「新規事業の探索」は経験に乏しく、「土地勘」がなく、成果も出にくいため、どうしても後回しになりがちです。

その結果、企業の「知の範囲」が狭まり、中長期的なイノベーションが停滞してしまうのです。こうした現象を「コンピテンシー・トラップ」と呼びます。

既存事業だけで未来永劫十分に成長できるのであれば、それでも問題はありませんが、既存事業だけに頼っていたのでは、どこかで必ず限界にぶつかります。そのため、「深化」と「探索」を高次元でバランスさせる「両利きの経営」を実現させなければならないのです。

(2)「深化」と「探索」は「水と油」

とはいえ、「深化」と「探索」を両立させ、「二兎を追う」ことは容易ではありません。それは両者が「水と油」のような関係にあるからです。

求められる人材像、組織に必要な組織能力、評価制度など、事業を成功に導く成功要件が大きく異なります。「既存事業の深化」を成功させるには、これまでに培った「知」を活かしながら、少しずつ改善したり、範囲を広げていく組織能力が求められます。

一方、「新規事業の探索」は新たな可能性に積極果敢にチャレンジし、失敗や挫折を繰り返しながら、新たな「知」を獲得し、世の中が求める価値をゼロから創造する組織能力が不可欠です。

「深化」が農耕民族的であるのに対し、「探索」は狩猟民族的と呼んでもよいかもしれません。

さらに、既存事業を支えている人たちから見れば、自分たちが汗水たらして稼いだお金を投入して、成功するかどうか定かではない新規事業につぎ込むことに抵抗を感じることもありえます。

「両利きの経営」を打ち出すことは簡単ですが、それを実現するには高度な組織マネジメントと強力なリーダーシップが不可欠と言えます。

3 戦略オプションとしてのM&A

(1) 世界に広がる日本企業のM&A

事業拡大、多角化を行う際の手法としてM&A（合併・買収）や戦略的提携（アライアンス）が一般化してきました。自力での成長や多角化だけでなく、外部資源や他力を効果的に活用することで、短時間で目的を遂行することが可能です。

Ｍ＆Ａはすでに確立している企業や事業と統合、もしくは買収することで、自社にない事業や製品、技術、販売チャネル、設備、人材、ブランドなどを一気に手に入れることができます。まさに「時間を買う」アプローチです。

『Ｍ＆Ａ Ｏｎｌｉｎｅ』によると、２０１９年の日本企業によるＭ＆Ａ件数は８４１件。前年を59件上回り、４年連続で増加しています。日銀による金融緩和の長期化に加え、企業の内部留保が過去最高に達するなどの要因で、Ｍ＆Ａが活発化しました。

２０１９年の大型案件を見ると、アサヒグループホールディングスによる豪州のビール大手カールトン＆ユナイテッド・ブルワリーズの買収（約1兆２０００億円）、昭和電工による日立化成の買収（約９６４０億円）などが挙げられます。

また、ソフトバンクは２０１９年6月にポータルサイト大手のヤフー（現Ｚホールディングス）を子会社化（約４５００億円）し、次にそのヤフーが衣料通販サイト大手のＺＯＺＯを同年11月に子会社化（約４０００億円）しています。まさに、Ｍ＆Ａで「ソフトバンク帝国」を築こうとしています。

取引金額が100億円を超える案件は68件。そのうちの40件はクロスボーダー案件で、約6割を占めています。

業種別に見ると、製薬関連のM&Aが活発化しています。アステラス製薬が遺伝子治療分野強化に向けて米国のバイオ企業であるオーデンテス・セラピューティクスを約3200億円で買収し、それ以外にも大日本住友製薬、旭化成、富士フイルムホールディングス、大正製薬ホールディングスなどが海外の製薬企業の買収に動いています。

2019年のM&Aによる取引金額は全体で8兆円を超えており、これは2008年と比べると1・6倍に増加しています。M&Aは日本企業においても目的遂行のための有力な手段として認識され、定着しています。

(2) さまざまなM&Aのタイプ

同じ業種内の競合他社の買収は「水平統合型M&A」と言えます。同業他社を吸収し、マーケット・シェアの拡大やスケールメリットの追求が大きな目的となります。それぞれの企業の歴史、生い立ちは違いますが、事業特性は同じため比較的メリットを出しやすい例です。

自社が展開している事業の上流や下流にある事業の買収が「垂直統合型M&A」です。組み立て型のメーカーが自社製品の素材や部品といった上流で行われている企業を手に入れたり、自社製品を扱っている流通や小売といった下流に進出するケースが挙げられます。いずれのケースも現在の本業と関連性のある事業の買収であるため、ある程度の土地勘は持っていますが、事業特性が異なることも多いため、慎重に検討する必要があります。

既存事業と何ら関連性のない異業種を狙った「飛び地的M&A」は、純粋に経営の多角化を目指して行われます。複数の異なる事業を持つことにより経営の安定化を図り、リスク分散を行うことが主目的となります。

M&Aの具体的な手法としては、株式の売買、合併、営業譲渡、第三者割当増資などがあります。株式の売買は最も一般的な手法で、お互いの会社が合意のうえで株の売買を行うケースと株式市場で告知して行うTOB（株式公開買付）があります。TOBは合意なく一方的に買収する（敵対的買収）時に多く用いられる手法で、市場価格より高い価格で株式を買い取ります。

合併は一方の会社に他の会社を統合する吸収合併と、新たに別の会社を設立し、そこに既存の会社が解散して統合する新設合併があります。

営業譲渡は会社の資産や負債の一部もしくは全部を売買する手法です。第三者割当増資は売り手の会社が新株を発行し、買い手がそれを引き受ける手法で、1999年のルノーと日産の資本提携はこの方式によって行われました。

(3) 敵対的買収と企業防衛

M&Aの手法として、買収先の株主に自社株を交付して100%子会社にする株式交換があります。日本では企業再編を加速するために、1999年の商法改正で国内企業同士に限って解禁されました。

しかし、2006年施行の会社法により、外国企業が日本の子会社を通じて日本企業を買収する「三角合併」が認められることになり、2007年に解禁されました。これにより外国企業による実質的な株式交換が日本でもできるようになったのです。2008年にはシティグループが日興コーディアルグループの株式をすべて取得、日本における三角合併の第1号となりました。

海外における大型M&Aでは、株式交換による買収が主流となっています。株式交換であれば、巨額の買収資金を調達しなくてすむため、ダイムラー・ベンツによるクライスラーの買収（約370億ドル）やファイザーによるファルマシアの買収（約600億ドル）でも株式交換が活用されています。

株式交換は時価総額の大きな企業にとって、大型買収に伴う負担が小さく、無理なく買収が行えるメリットがあります。一方、株価が割安な企業は常に買収の対象となるリスクを抱えることになります。日本企業の多くはたとえトップ企業といえども、欧米の巨大企業に比べるとその株式総額が著しく小さいのが実態であり、常にM&Aのリスクにさらされていると考えなくてはなりません。

株式交換による買収には、双方の企業の株主総会で3分の2以上の賛成が必要という条件があり、大きな脅威にはならないとの見方もあります。しかし、TOBによる公開買付で多数派を形成するなどの手法も考えられるため、株価の引き上げ、既存株主への新株発行によるTOBの阻止などの防衛策を講じる必要が高まっています。

(4) 経営統合が生む業界再編

M&Aや経営統合の普及は個々の企業へのインパクトだけでなく、業界そのものの秩序やゲームのルールに大きな影響をもたらしています。

日本は欧米と比べると、それぞれの業界におけるプレイヤーの数が多いのが特徴でした。企業間競争という意味ではそれなりのメリットはありますが、その一方で企業が分散しすぎると効率性が追求できず、スケールを活かした競争をしかけてくる海外企業と互角に戦えないという問題が生まれます。

金融機関の大規模な再編が進んだり、同じ業界内で合従連衡が進展するのは個々の企業の努力だけではグローバルな競争力を手にすることはできないという背景があることを理解する必要があります。

経営統合による競争力の回復を実現した例が日本でもいくつか出てきました。川崎製鉄とＮＫＫの統合によって生まれたＪＦＥホールディングスは、統合による大きな合理化メリットを生み出し、当時の新日鐵（現日本製鉄）と並ぶ勢力となりました。合理化効果だけでなく、国内の2つの製鉄所に経営資源を集中し、高付加価値の薄板を生産する体制を整えた戦略的な経営統合と言えます。

ＬＩＸＩＬは建材・住宅設備機器業界の最大手ですが、複数の専業メーカーが経営統合することによって生まれました。２０１１年にトステムを存続会社として、ＩＮＡＸ、新日軽、東洋エクステリアが統合。その後、サンウエーブ工業も統合され、売上高１兆円超、従業員数6万人を超える巨大グループになりました。規模の効果とシナジーを徹底的に追求することによって、企業価値向上に結びつけようとしています。

また、海外においてもJFEホールディングスと同時期に、アルセロールという粗鋼生産世界一（当時）の鉄鋼メーカーが誕生しました。フランスのユジノール、スペインのアセラリアなど3社が統合した会社ですが、フランス、ドイツ、ベルギーなど複数の国で製鉄所を運営しており、統合効果がなかなか引き出せませんでした。その後、2006年にオランダのミタル・スチールによる敵対的買収を受け、アルセロール・ミタルとなっています。

再編は合理的な価値をもたらしうる有効な選択肢ですが、決して万能ではありません。統合のメリットを最大限に活かし、競争力を再構築する努力なしには新たな優位性は生まれてこないのです。

(5)「合併方式」と「持ち株会社方式」に分けられる

経営統合による業界再編が加速していますが、その形態は一様ではありません。統合する企業の事業内容、規模、業績などによって、それぞれの統合に最も適した形態が選択されますが、大別すると「合併方式」と「持ち株会社方式」に分けることができます。

①合併方式

2つ以上の企業が合併し、ひとつの企業に再編されるのが合併です。関与する企業の力関係により、吸収合併、対等合併に分けられます。同一の事業を営んでいる企業同士の統合では、合併という形態によって合理化を徹底し、効率的なオペレーションを再構築することが大きな目的となります。

新日本石油（現ＥＮＥＯＳ）は、日本石油が三菱石油を吸収合併して誕生しました。しかし、実際の事業の統合においては、両社の強みを最大限に活かした運用が行われました。「制度はコストの低い方に合わせる」という方針のもと、給与は旧日石、福利厚生は旧三石に揃え、技術交流のため主要な精油所で所長を入れ替えるなど統合メリットの最大化を追求したのです。

②持ち株会社方式

同じ業種であっても、それぞれの企業が異なる分野で事業を営み、補完関係にある場合は合併という形態ではなく、持ち株会社（ホールディング・カンパニー）を設立して、その傘下にそれぞれの企業を事業会社としてぶら下げるという形態がとられます（図表9－3）。間接部門の合理化など統合によるコストメリットの追求を行う一方、事業面ではそれぞれの企業のよさを活かすことが可能となります。

図表9-3
持ち株会社による経営統合

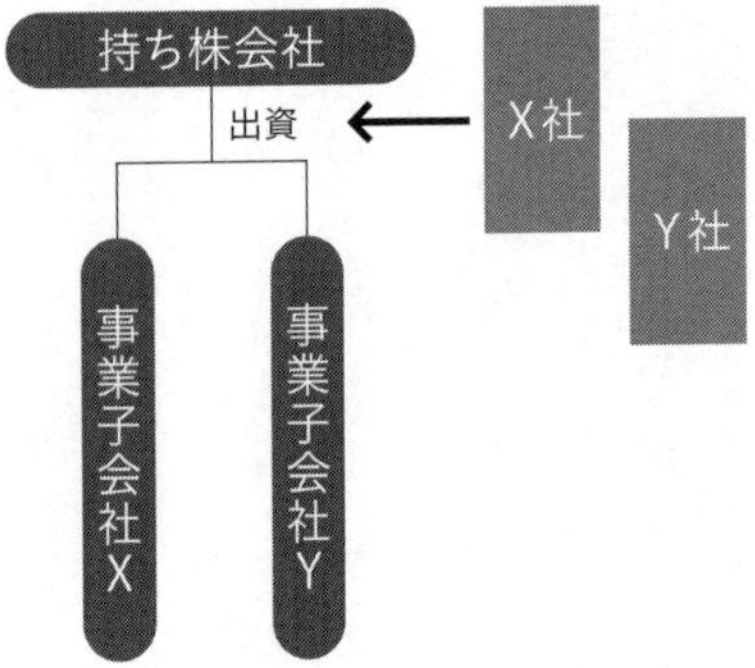

大同生命、太陽生命、T＆Dフィナンシャル生命の3社は持ち株会社T＆Dホールディングスを設立し、経営統合しました。同じ生命保険会社でありながら合併という形態を選択しなかったのは、大同と太陽はそれぞれ異なる分野に強みを持ち、ビジネスモデルが異なるためです。

大同は中小企業市場に強みを持ち、一方太陽は家庭市場を中心にビジネスを行っています。持ち味の違う両社がひとつになろうとすれば、エネルギーと時間を浪費し、経営のスピードが遅くなるだけだと両社のトップは考えたのです。

統合を推進したT&Dホールディングスの宮戸直輝前社長は「サラダボール」経営と呼びました。バラバラに入れられた野菜がそれぞれの個性を主張しながらも、全体としては調和がとれているサラダボールこそが持ち株会社方式による経営統合の目的と言えます。

(6) 共生を目指すビジネスエコシステム

M&Aは合併・買収という直接的手段によって外部資源や他力を活用することですが、より緩やかなやり方で外部企業と連係を図り、共存共栄を図るという考え方が広がりつつあります。こうしたしくみを「ビジネスエコシステム」と呼びます。

シリコンバレーのスタートアップ企業が、他の企業やベンチャーキャピタル、大学や研究機関などの協力を得ながら、スピーディーに事業を立ち上げ、成功を収めていく状況をエコシステムと呼ぶようになりました。

元来、「エコシステム」とは生物学の言葉で、「生態系」を意味します。厳しい自然環境のなかを生き残るために、異なる生物同士が互恵的な共生関係を築いている例が数多くあります。

例えば、イソギンチャクとヤドカリの関係はそれにあたります。ヤドカリはイソギンチャクを背負うことで天敵から身を守り、イソギンチャクはヤドカリに乗ることで移動できるようになり、より多くの餌にありつくことができます。

ビジネスの世界においても、なんでもかんでも自前主義で取り組むことの限界がきています。業種・業界の垣根を越えて、複数の企業がパートナーシップを組み、それぞれの強みや資産、技術などを活かしながら共存共栄するビジネスエコシステム（ビジネス上の生態系）の重要性が高まっているのです。

4 経営危機からの再生――リストラクチャリング

(1) 経営危機の3つのパターン

企業経営は絶えず成長を求め、安定した収益を確保しなければなりません。しかし、なかにはそうした努力を怠り、もしくは失敗し、経営の危機に陥る企業が多数あります。こうした企業は「破壊と創造」による企業再生を行わなければなりません。

企業経営に訪れる危機には、一般的に3つのパターンがあります。ひとつ目は、ある程度の時間のなかで、徐々に機能不全に陥っていくケースです。市場や競争の変化への対応が遅く、徐々に競争上の優位性を失っていき、収益悪化を招き、最終的には資金繰りに窮するというパターンです。

2つ目は経営にインパクトをもたらす大きな「不連続の変化」に対応できず、危機に陥るケースです。規制緩和や自由化、革命的な技術革新の登場などによって、今までの「ゲームのルール」が一気に変わり、過去の優位性が失われてしまうパターンです。不連続の変化が起きているにもかかわらず、過去の成功にとらわれ、過去のしくみにしがみつき、危機に陥ることを「成功の復讐」と呼びます。

3つ目は上記が一緒になったケースです。徐々に競争力が弱っていくなかで、抜本的な手が打てず、ある大きな変化の発生によって一気に経営危機に陥るパターンと言えます。「失われた20年」と呼ばれる日本経済の低迷期に、多くの日本企業はじわじわと競争力を失っていました。過去の成功体験から脱却することができず、抜本的な構造改革に手を打つことができなかったのです。

2008年のリーマンショックによって、そうした問題が一気に露呈。韓国や台湾など新興国メーカーの台頭もあり、経営のあり方を根本から見直す必要に迫られたのです。

(2) リストラクチャリングの3要素

構造的な問題を抱えてしまった企業は抜本的な改革に着手しなければなりません。こうした抜本的な企業再生を「リストラクチャリング」と呼びます。リストラクチャリングは一般的に使われている「リストラ」とは異なります。

リストラは人員解雇や雇用整理といった意味でよく使われますが、リストラクチャリングの本来の意味は「企業の成長や価値の増大を目的とした企業の構造改革」のことであり、決して雇用整理や縮小均衡のみを意味するものではありません。

リストラクチャリングは財務、戦略、業務の3つの要素で構成された統合再生計画の下で行われる必要があります。

①財務面

危機に陥った企業は大半が財務面が不健全な状態に陥っています。借入金過多で金利負担が過大、資産に含み損を抱えて実質債務超過であるなど財務が破綻しています。キャッシュの流出を防ぐ「止血」とキャッシュを確保する「輸血」の両面から緊急的な対策が求められます。コストカット、資産売却などの通常の方法に加えて、バランスシートが著しく痛んでいる場合には、債権放棄やデット・エクイティ・スワップ（債権・株式交換）といったウルトラCとも言える手法が求められます。

②戦略面

リストラクチャリングの目的はあくまで新たな成長を目指しての企業再生です。そのためには、「成長の道筋」を戦略として明確にしなければなりません。重要なのは、集中と選択を徹底させて、コア事業に絞り込むことです。中途半端な「選択と集中」ではリストラクチャリングの成功はありえません。

その一方で、コア事業については優位性を再構築できるシナリオの明確化と経営資源の傾斜配分を行います。ドイツのスポーツ用品メーカー、アディダスは大規模な人員削減と事業の整理を行うなかで、中核商品に対しては販売予算を倍増させ、そのブランド力を復活させることに成功しました。

③業務面

リストラクチャリングにおいては、オペレーションの余分な脂肪をカットするいわゆるリストラも重要ですが、同時にオペレーションの品質を確保・向上させることを考えなければなりません。

コストカットのための後ろ向きなリストラは、短期間で一気呵成に行う必要があります。小出しに何度も行うことは次のステップを遅らせるだけでなく、社員の志気低下につながります。一方で、業務改革は恒常的に改善努力を続けることが重要です。

(3)「破壊と創造」で蘇ったIBM

リストラクチャリングに成功した好事例としてＩＢＭが挙げられます。創業以来、順調に成長し、世界のエクセレント・カンパニーと評価されていたＩＢＭは、１９９０年代初めに一気に経営危機に直面します。それまでも売上高は伸びているものの、収益性は徐々に悪化し、しかもＩＴ業界がメインフレーム中心からダウンサイジング、ネットワーク、ソフト・サービス化へとシフトするなかで、その対応が遅れていました。１９９１年のオイルショックがトリガーとなり、ＩＢＭの経営は一気に苦境に立たされたのです。

その状況で乗り込んできたのがガースナーです。ガースナーは最初の2年間、財務とオペレーションのリストラクチャリングに専念しました。生産拠点を50カ所から9カ所に減らし、資産を圧縮するとともに、調達コストの20%削減、情報化コストの47%削減を行いました。オペレーション面では、「Transforming IBM」と称して今までの機能別縦割り組織の弊害を取り除くため、業務プロセスを一新し、生産のリードタイムを3週間から1週間、受注処理から生産手配までの時間を2日から8時間に短縮するなどのオペレーションの改革を徹底させたのです。

その一方で、戦略面ではハード志向からより収益性の高いソフト・サービス志向へのシフトを加速させました。また、ガースナーはＩＢＭの風土面にもメスを入れました。それまでの官僚主義、独善主義、門外不出主義といった体質からオープンで自由闊達な風土へと転換させたのです。

ＩＢＭは１９９４年から再度成長軌道へと戻りましたが、ガースナーの「破壊と創造」により「生まれ変わった」と言えるのです。

(4) 企業が「ゴーイング・コンサーン」であるために

企業は「ゴーイング・コンサーン」であることが求められます。ゴーイング・コンサーンとは「永続的発展企業」「継続事業体」などと訳されますが、企業には事業を継続させる社会的使命、責任があるということを意味しています。

顧客や投資家、従業員などのステークホルダーは、「企業の事業活動は継続する」ことを前提にしています。企業は事業を継続するものと思うから、顧客はその企業と取引を行い、投資家はその企業の株式や社債に投資し、従業員はその企業に勤務するのです。

しかし、企業を取り巻く環境は時々刻々と変化します。こうした環境変化に対応できない企業は、どんな大企業であっても淘汰されてしまいます。成功し、繁栄を極めた企業ほど変化への対応が難しいとも言われています。過去の成功に縛られ、脱皮できないこうした状況を「成功の復讐」と呼びます。

長年にわたって安定した業績を出し続けている花王では、「現状不満足企業たれ」が全社のスローガンになっています。どんなに高収益を上げていても、現状に対して決して満足しない、現状を否定し、進化しようとする姿勢こそが花王の強さの本質なのです。

企業がゴーイング・コンサーンであるためには、経営の原点や基本を忘れることなく、変化に対応し続けることが求められているのです。

第10章 デジタルが変える企業経営

1 デジタルトランスフォーメーション（DX）の時代

(1) デジタルが企業そのものを変革する

これまでの章においても、急速に進化するデジタルテクノロジーがもたらすインパクトについて触れてきました。既存の事業やビジネスモデルが新規参入のデジタルプレイヤーによって一気に陳腐化し、崩壊へと至る「デジタル・ディスラプション」など、デジタルテクノロジーはこれまでのビジネスの常識や秩序を劇的に変えてしまうほどの破壊的な力を持っています。

そして、それは企業を取り巻く外的な競争環境だけに限った話ではありません。企業が行うあらゆる経済活動やビジネスモデル、そして組織や文化、制度など、企業経営のあり方そのものを根底から変えてしまうほどの大きなインパクトをもたらしうるのです。

「デジタルテクノロジーを駆使し、企業をまるごと「変身」（transformation）させる取り組みを、「デジタルトランスフォーメーション」（DX）と呼びます。

この概念は、スウェーデンのウメオ大学のエリック・ストルターマン教授によって2004年に提唱されたもので、「デジタル技術がすべての人々の生活を、あらゆる面でより良い方向に変化させる」というコンセプトでした。

その後、各国政府や民間企業がこの概念を採用し、大企業を中心に経営戦略の中核に据える会社が増えています。日本においても、経済産業省が2018年9月に「DXレポート～ITシステム『2025年の崖』克服とDXの本格的な展開～」を公開し、ビジネスの世界でも広く知られるようになりました。

「2025年の崖」とは、複雑化・老朽化・ブラックボックス化した既存システムが残存した場合、国際競争への遅れや経済の停滞をもたらし、2025年以降に最大で年間12兆円の経済損失が生じる可能性がある」という警告です。

デジタル化を推進し、旧来の情報システムを一新し、デジタルトランスフォーメーションに成功しなければ、企業の競争力は著しく劣化し、新たなビジネスチャンスも逃してしまうと考えられているのです。

(2) DXの2つの柱

ウーバーやエアビーアンドビーのように、デジタルテクノロジーを活用し、新たなビジネスモデルを構築するスタートアップ企業が出現する一方で、既存のプレイヤーにとっては「ゲームのルール」が一変し、これまでのビジネスモデルが一気に崩壊してしまうリスクが高まっています。スタートアップ企業にとっては失うものはありませんが、既存のプレイヤーは手をこまぬいていれば「ディスラプト」（崩壊）されてしまいます。

つまり、既存プレイヤーは次に述べる2つのデジタルトランスフォーメーションを同時に進める必要があるのです。

●**1つ目の柱**　既存事業および経営のしくみそのものをデジタル化し、生産性を大きく高める。会社全体のしくみや運営をデジタル化させ、過去の延長線上にはない効率性の高いビジネスモデルに転換する

●**2つ目の柱**　既存事業を守るだけでは成長は見込めない。デジタルテクノロジーを活用した新たな事業の育成に積極果敢に挑戦し、未来を担う新たな成長の柱を早期に構築する

ＤＸはすべての企業にとってチャンスであり、脅威でもあります。受身の姿勢ではなく、「デジタルを武器に会社を変える」という強い意志と行動が求められているのです。

(3) デジタルで「働き方改革」を加速させる

２０２０年に中国・武漢から始まった新型コロナウイルスは、瞬く間に世界に広がり、経済活動や社会活動を一気に停滞させてしまいました。私たちはパンデミック（感染爆発）の怖さを、現実のものとして認識させられました。

コロナショックは日本の弱さも露呈させました。他国に比べ、デジタル化の遅れが明白となり、官民挙げてデジタル化、オンライン化、リモートワークを加速させる契機にもなりました。

とりわけ、民間企業はコロナショックを「働き方改革」を思い切って推進するきっかけにしようとしています。移動の自粛を余儀なくされ、すべての活動が止まったことにより、本当に必要なものは何かの見直しが行われています。

不要な出勤はやめ、在宅勤務、リモートワークに切り替える。不要な出張は控え、オンラインでの面談や商談を推進する。対面での研修ではなく、リモートでの研修やオンデマンドのｅラーニングに切り替える。これまでの常識を根本から見直し、新たな時代に合った働き方を確立する絶好のチャンスとも言えます。

そのためには、紙依存や「押印」の文化など、これまでのビジネス上の慣習も見直す必要があります。デジタルを武器にしながら、ペーパーレス、はんこレス、出勤レス、出張レスなどさまざまな「新たな常識」を確立し、企業の生産性、効率性を一気に高めることが求められています。

(4) ＤＸを推進する主要技術トレンド

デジタルトランスフォーメーションを進めるうえで押えておくべきいくつかの技術トレンドについて簡単に触れておきましょう。

①５Ｇ（第５世代移動通信システム）　５Ｇとは現在の通信規格４Ｇの次世代にあたる最新規格のことです。４Ｇの10倍以上という高速な通信速度を実現し、４Ｋ動画などの高画質映像をスマホでも再生できるようになります。また、５Ｇはスマホだけでなく、自動車や家電、医療機器などの機器にも搭載され、自動運転や同時翻訳、リモート医療など、社会のさまざまな分野に進化をもたらすと言われています。

②AI（人工知能）　一般的には、コンピュータ上で人工的に人間と同様の知能を実現させるための技術を指します。コンピュータが複雑なアルゴリズムを用い、人間の脳のように「学習」し、大量のデータから求める情報を「推測」することが可能となります。自動運転や音声認識、産業用ロボットの制御などさまざまな分野で実用化が進んでいます。

③IoT（モノのインターネット）　これまでインターネットに接続できなかった「モノ」をインターネットに接続できることを可能にする技術です。機器のなかにさまざまなセンサーと通信機器を組む込むことによって、幅広い情報収集と遠隔でのシステム制御が可能となり、蓄積したデータを分析することで新たな知見を獲得することができるようになります。

④AR（拡張現実）／VR（仮想現実）　ARは実際の景色や地形、感覚などにコンピュータを使ってさらに情報を加える技術です。自動車や航空機へ導入し、リアルタイムの情報を現実の景色に反映させることで、安全性の向上や輸送効率の向上につながることが期待されています。VRは現物・実物（オリジナル）ではないが、機能としての本質は同じであるような環境を、ユーザーの五感を含む感覚を刺激することによって

理工学的に作り出す技術です。ゲームや動画といったエンターテインメント分野だけでなく、教育やスポーツ、医療などの分野においても活用されています。

⑤ブロックチェーン　皆さんも「ビットコイン」や「仮想通貨」という言葉を聞かれたことがあるでしょう。ビットコインは「暗号通貨」とも呼ばれますが、実際には通貨ではなく、インターネット上の電子マネー決済システムのことです。この新たな決済システムを支える基盤技術がブロックチェーンです。この技術はネットワークに接続した複数のコンピュータによりデータを共有し、データの耐改竄《かいざん》性や透明性を実現し、さまざまな経済活動のプラットフォームになりえるものです。

2　データを資産として活かす

(1) ビッグデータは「宝の山」

経営におけるデータの重要性は以前から指摘されていました。人間の勘や経験のみに依存するのではなく、客観的なデータを集め、分析し、現状を正確に把握したうえで、合理的な判断をすることがビジネスの成功には欠かせません。

とりわけITの進展により、これまで以上に多様で巨大なデータを収集することが可能となりました。一般的なデータ管理・処理ソフトウェアでは扱うことが困難なほど巨大かつ複雑なデータの集合を「ビッグデータ」と呼びます。

ビッグデータを分析、活用することによって、新たな発見が可能となったり、企業が抱えている課題の真因が見つかるなど、経営に大きなインパクトをもたらします。ビッグデータはまさに「宝の山」なのです。

例えば、製造業では機械などに取り付けられたセンサーから集まるビッグデータを解析することによって、工場全体やラインごとの設備の稼働状況がタイムリーに把握することが可能となります。それにより、故障の多い設備を特定し、設備の異常を事前に、もしくは早期に発見し、設備の停止などを未然に防ぐことができます。

ビッグデータの活用は製造業のみにとどまりません。小売業、物流業、サービス業、金融業、医療・農業分野などあらゆる業界においてビッグデータの活用が進んでいます。「データを制するものがビジネスを制す」と言われるほど、データ活用が経営の大きな柱となっているのです。

(2) ビッグデータ活用の先駆的事例――GE

ビッグデータを活用し、ビジネスモデルの転換に成功した先駆的な事例として挙げられるのがGE（ゼネラル・エレクトリック）の航空機エンジンビジネスです。

従来、GEは航空機メーカーに対してエンジンを販売もしくはリースする「売り切り」ビジネスを行っていました。しかし、販売後に行うエンジンの整備は、故障発生時に即時対応しなければならず、大量の部品を在庫として保管する必要があり、収益を大きく圧迫していました。

そこで、GEは航空機エンジンにセンサーを取り付け、エンジンの回転数や出力、燃焼状態、振動などをリアルタイムでモニタリングし、センサーから送られてくるさまざまなデータを解析することによって、故障が起きそうな部分を事前に予測するサービスの展開を始めたのです。

その効果はGEだけにとどまらず、航空機を使用する航空会社にとっても絶大でした。GEは部品の在庫を大幅に削減することが可能となり、航空会社は故障を予測し、保守・

点検を行うことによって、機材の安定運用ができるようになったのです。

ＧＥはビッグデータの活用によって、「作って売る」という「売り切り」モデルから「エンジンの稼働時間」や「エンジンの回転数」に応じて課金するサブスクリプションモデルへと転換することに成功したのです。

(3) リアルデータを活かす新事業を推進するSOMPO

日本においてもリアルデータを活かした新事業の構築に挑む会社は増えています。その代表例がＳＯＭＰＯホールディングスです。

ＳＯＭＰＯは２０１９年にビッグデータ解析ソフトを展開する米国・パランティア社と合弁会社を設立しました。パランティアは米国政府をはじめ、世界25カ国の政府機関・大企業向けにビッグデータ解析フラットフォームを提供する有力企業です。

シリコンバレーの先端テクノロジー企業と日本の伝統的な保険会社がどうして手を組んだのか。それはパランティアの技術力とＳＯＭＰＯが持つ膨大なリアルデータを組み合わせることによって、新たなビジネスが生まれると考えたからです。

ＳＯＭＰＯは保険事業、介護事業などを展開しており、交通事故のデータ、災害のデータ、介護現場のデータなど膨大なリアルデータを保有しています。しかし、これらのデータは有効には活かされていませんでした。

ＳＯＭＰＯはパランティアと組むことによって、こうしたデータを活用し、リスクを未然に防いだり、最小化するための新たなソリューションやサービスを生み出し、顧客に提供しようと考えているのです。

(4) 楽天と東急がデータ活用の新会社を設立

こうした動きは、小売業の世界でも加速しています。例えば、楽天と東急は２０２０年8月にネット通販と実店舗の購入データを活用する共同出資会社・楽天東急プランニングを設立すると発表しました。

楽天は1億人の会員、国内最大級の共通ポイントを持ち、東急は関東を中心にスーパーや百貨店を運営しています。楽天はオンライン（ＥＣ）に強みを持ち、一方、東急はリアルを基盤としています。

しかし、消費者にとってオンラインとリアルの垣根はなくなりつつあります。

異なる強みを持つ両社が、双方の顧客から得られるデータを活用し、相互に集客できるしくみをつくることによって、これまで以上に魅力的な商品やサービスを提供しようと考えているのです。

データ活用においては、個人情報保護とのバランスをどうとるのかがひとつの課題と言えます。2020年6月に改正個人情報保護法が成立し、2022年に施行されます。それによって、消費者が企業にデータの利用停止、消去を求める権利が拡大します。データ活用においては、利用者視点でも個人情報の保護や管理の新たなしくみも求められています。

3 AIを使いこなし、社会を変える

(1) AIが人間を超える――シンギュラリティ

AI(人工知能)は膨大なデータを超高速処理し、言語の理解や推論、問題解決などの知的行動を人間に代わってコンピュータに行わせる技術のことです。米国の計算機科学者

図表10-1
シンギュラリティ（技術的特異点）

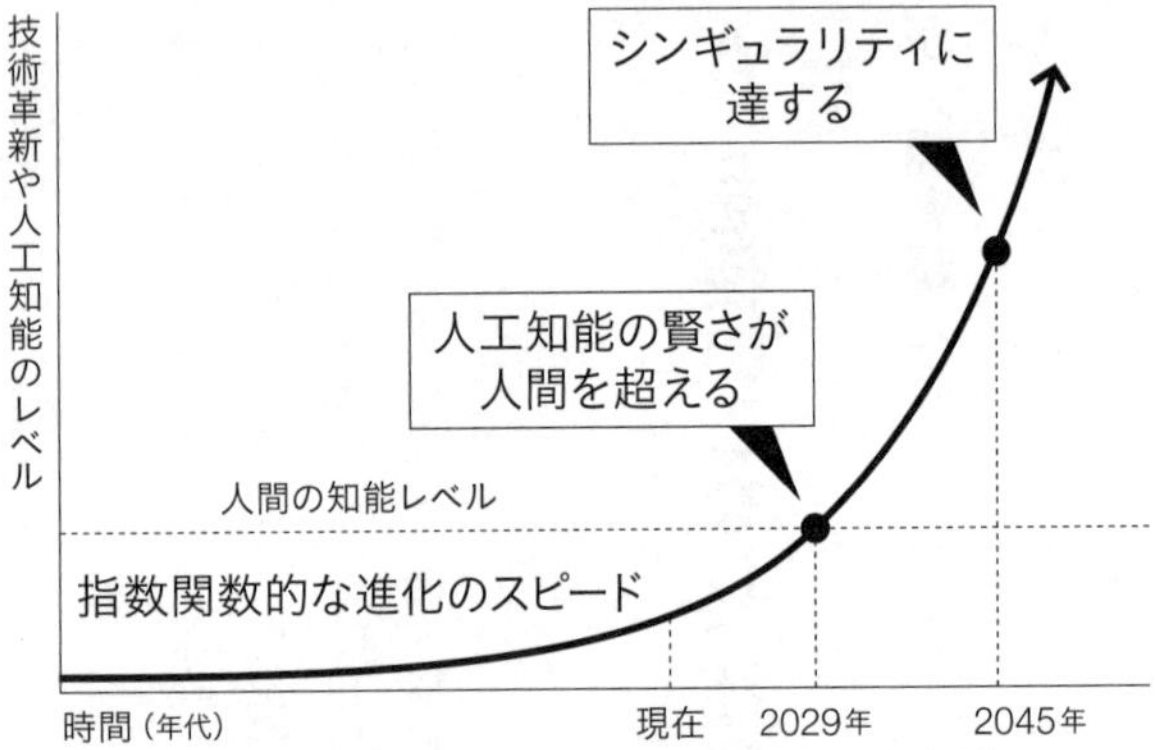

技術進化のスピードとシンギュラリティの到達時期

出所：『シンギュラリティは近い――人類が生命を超越するとき』レイ・カーツワイル著

であるジョン・マッカーシーが１９５６年のダートマス会議でＡＩという言葉を初めて使い、それ以降研究が進んでいます。

　とりわけ、２００６年にディープラーニング（深層学習）が登場し、２０１０年以降にビッグデータが進展するとともに、ビジネスのみならず人間社会のあり方そのものを変える技術として注目されています。ディープラーニングを導入したＡＩが囲碁のトップ棋士やポーカーの世界トップクラスのプレイヤーを破り、大きな話題となりました。

「ＡＩがやがて人間の能力を超える」

という議論も繰り広げられています。人間以上の知性を持つＡＩが登場し、人間が予測不可能な変化が起こるとも言われています。

ＡＩが人間の持つ知性を超える時点を「シンギュラリティ」（技術的特異点）と呼びます。シンギュラリティの概念を広めた米国の数学者・ヴァーナー・ヴィンジは、１９９３年に刊行した著作のなかで「30年以内に技術的に人間を超える知能がつくられる」と発表しました。

また、ＡＩの世界的権威であるレイ・カーツワイル博士は「２０２９年にＡＩが人間並みの知能を備え、２０４５年にシンギュラリティが来る」と主張しています（図表10－１）。ＡＩが現実的に人間を超えるかどうかは未知数ですが、ビジネスの世界に多大なインパクトをもたらすことは間違いありません。

(2) AIが自動運転を可能にする

ＡＩが大きな変化をもたらす事例のひとつが「自動運転」です。自動運転とは「人に頼らず、出発地から目的地まで人やモノを運ぶ自律的なシステム」のことです。

カメラなどのセンサーが取得した画像データの分析やドライバーとシステムがコミュニ

ケーションを図る音声認識などにＡＩを活用し、これまでは人間が行っていた判断や推測、学習などをＡＩが行い、より安全で効率的な移動システムを確立することによって、交通事故の削減、交通渋滞の緩和、環境負担の低減などが期待でき、人間が行うよりも安全かつ円滑な運転が可能となります。

米国の非営利団体ＳＡＥ（Society of Automotive Engineers）が２０１６年に策定した指針によると、自動運転のレベルは次の６つに分類されています。

●**レベル０**　運転自動化なし（運転手がすべての運転操作を行う）
●**レベル１**　運転支援（システムがハンドル操作し、運転手を支援する）
●**レベル２**　部分運転自動化（システムが加速あるいはハンドル操作し、運転手を支援する）
●**レベル３**　条件付運転自動化（高速道路など限定的に、システムが運転を操作する）
●**レベル４**　高度運転自動化（無人でも高速道路など限定的にシステムが運転を操作する）
●**レベル５**　完全運転自動化（無人でシステムがすべての運転操作を行う）

自動運転は世界各国で公道試験が行われており、日本においても自動運転の実証実験が積極的に進められています。2020年に施行された改正道路交通法では、レベル3の自動運転が認められ、レベル3自動運転機能を備えた乗用車も発売が開始されました。

もちろん、レベル4、レベル5に移行するにはいくつもの大きなハードルが存在します。突発的な事態にも対応しなければならず、また事故に対する感情的な配慮が求められることから、完全自動運転は不可能だとする主張もあります。AIという高度先端技術を人間がどのように賢く使っていくのかが試されているのです。

(3) AIで新薬を開発する

自動運転分野と並んで、AIの活用が期待されているのが、新薬開発です。従来型の化合物を使った新薬開発は一巡し、新薬候補を見つけることが難しくなってきています。そこで、人間が気づかなかった物質をAIが発見し、新たな化合物を設計することによって画期的な新薬開発につなげようとしているのです。

米国の調査会社・マーケッツアンドマーケッツによると、創薬分野におけるAIの世界市場規模は2019年の2億5900万ドルから2024年には14億3400万ドルへと5倍以上に拡大すると言われています。

ＡＩ活用をリードするのは欧米の製薬大手ですが、日本の製薬メーカーも実用化を進めています。例えば、エーザイは筑波研究所などでマラリア治療薬の研究開発にＡＩを導入しています。ＡＩが２００万件以上ある既存の化合物関連データを読み込み、新しい化合物約８００種を設計します。次に、別のＡＩがこれら８００種の安全性や物性などを多面的に評価し、20種弱に絞り込みます。

この作業を人間がやろうとすれば、1種に2〜3週間かかることもあります。大量のデータをＡＩに読み込ませることによって、人が思いつかない化合物や仮説をスピーディーに提案してくれるのです。

一般的に、新薬の開発には10〜15年を要し、開発費は数百億円以上かかることもあります。有望な新薬候補はすでに開発され尽くしており、新たな候補を探し出すのは難しくなっています。こうした状況のなかで、ＡＩの活用がブレークスルーをもたらす可能性があるのです。

ＡＩ活用を加速するために、医薬品メーカーとＡＩ技術を持つスタートアップが手を組む動きも出ています。例えば、大日本住友製薬は英国のエクセンシアと共同で創薬研究を行い、従来は4年半程度かかっていた初期研究を1年未満に短縮しました。

アステラス製薬もＡＩ開発のエリックスと共同開発に乗り出し、長年蓄積してきた化合物データなどを分析し、ＡＩが新薬候補を見つけ出す取り組みを始めました。ＡＩの登場により、データの蓄積を持つ大手企業と技術に強みを持つスタートアップが手を組むという新たな協業モデルが生まれています。

4 すべてがサービス化する「ＸａａＳ」とは何か

(1) 必要な時に、必要な機能を、必要な分だけサービスとして利用する

ＸａａＳとは「X as a Service」の略で、「ザース」と呼びます。ネットワーク経由で提供されるクラウドサービスの総称で、「X」の部分にはさまざまな言葉が当てはめられます。「Everything as a Service（ＥａａＳ）」と呼ばれることもあります。

その代表的なサービスモデルが、「ＳａａＳ（Software as a Service）」です。以前はソフトウェアを使おうと思えば、ソフトウェアを購入するのが一般的でした。しかし、今で

は必要な時に、必要な機能を、必要な分だけサービスとして購入することが可能です。わかりやすくいえば、ソフトウェアを「買い取る」のではなく「レンタル」するイメージです。

具体的には、ソフトウェアを利用者（クライアント）側に導入するのではなく、提供者側（サーバー）で稼働しているソフトウェアをインターネットなどのネットワーク経由で利用者がサービスとして利用するのです。

ユーザー側にとってはソフトウェアの開発や管理が不要で、導入コストやランニングコストが安くすむというメリットがあります。ソフトウェアのバージョンアップなどの面倒な管理は提供者側が対応してくれるので、使う側は何も考えずに使った分の金額だけ払えばよいのです。

今ではソフトウェアに限らず、「ＰａａＳ（Platform as a Service）」（アプリケーションソフトが稼働するためのハードウェアやＯＳなどのプラットフォームをサービスとして提供）や「ＩａａＳ（Infrastructure as a Service）」（サーバーやネットワークなどのインフラをサービスとして提供）など、より広範囲のサービスが提供されています。

(2) シームレスな移動サービスを提供する「MaaS」

「Everything as a Service」の流れは、ソフトウェアの分野にとどまらず、さまざまな領域に広がっています。その典型例が「ＭａａＳ」（マース）です。

「ＭａａＳ」とは「Mobility as a Service」の略で、ＩＣＴを駆使してさまざまな交通手段をクラウド化し、自家用車以外のすべての交通手段による移動をひとつのサービスとしてシームレスに提供する新たなサービスモデルを指しています。

「ＭａａＳ」という概念は、２０１４年にフィンランドにおいて提唱されました。自家用車への過度な依存が引き起こす交通渋滞、環境汚染などのさまざまな問題を解消するために、自家用車を保有しなくても移動が可能な社会を創出すべきという問題意識がきっかけとなっています。

これまではそれぞれの交通手段は、個別に独立した形態でサービスが提供されています。鉄道、エアライン、バス、レンタカーなど各業界の企業が独自のシステムを構築し、運営しています。

しかし、利用者から見れば、予約や変更、決済などは別々に行わなければならず、けっして利便性は高くありませんでした。「ＭａａＳ」になれば、すべての移動手段はオンライン上でつながっており、スマホなどで簡単に利用することが可能となります。

また、事業者間での提携などが進めば、一律料金の適用や月定額料金で一定区域内の移動サービスが乗り放題になるなど、新たなサービスの可能性も広がります。

ドイツ鉄道は自社のビジョンを見直し、これまでの「Station to Station のトレインオペレーター」から「Door to Door のモビリティマネージャー」へと変革すると発表しました。これまでの鉄道会社という枠を超えて、利用者が家を出てから目的地に到着するまでのあらゆる交通手段を統合的に提供する「ＭａａＳ」の会社へと変身することを目指しているのです。

日本においても、２０１８年にトヨタ自動車とソフトバンクが「ＭａａＳ」事業の共同展開に向けて新会社を設立すると発表し、大きな注目を集めています。

(3)「モノ」から「サービス」への流れを加速する「XaaS」

世界経済の流れは「モノ」中心から「サービス」中心へと大きくシフトしています。先進国で暮らす人たちはすでに生活に必要な「モノ」を持ち、これ以上「モノ」を必要としない暮らしをしています。

また、「モノ」を「所有」することから、必要な時にだけ「活用」するという意識も高まっています。みんなで「モノ」を「共有」（シェアリング）し、自分が必要な時にだけ利用できれば、「モノ」を「所有」する必要はありません。

マーケティングの権威であるセオドア・レビット博士は「ドリルを買う人は穴を欲しがっている」と指摘しています。ドリルを購入する人は、ドリルそのものを求めているのではなく、ドリルを使うことによってできる「穴」が必要なのです。

ここに新たなビジネスチャンスがあります。ドリルを作って売るのではなく、ドリルを必要な時にだけレンタルするとか、顧客の代わりに「穴」を開けるサービスを提供すれば、新たな需要を掘り起こすことができます。こうした流れを「サービス化」（サービタイゼーション）と呼びます。

「リカーリング」ビジネスの項で紹介したフィリップスの「ＬａａＳ」（Lighting as a Service）もそのひとつです。顧客が求めているのは「照明器具」そのものではなく、「明るさ」なのです。

これまで「モノ」を作って、売ることによって稼いでいた大手製造業も、「サービス化」

へシフトしようとしています。例えば、トヨタ自動車は「ＫＩＮＴＯ」というサブスクリプションサービスを開始しました。このサービスは頭金０円、月々定額で新車に乗れるというサービスで、保険料やメンテナンス料もすべて込みの料金であり、しかも高級車レクサスも新車で乗れるということで話題になっています。

シェアリングエコノミーはこれからますます拡大していくでしょう。そうした流れのなかで、これからもさまざまな「ＸａａＳ」が生まれてくるのは間違いありません。

5 「インダストリー4・0」で進化するモノづくり

(1) 製造業のデジタル化を目指すドイツの「インダストリー4・0」

「インダストリー4・0」とはドイツ政府や産業界が主導して推進する製造業の国家戦略プロジェクトであり、「第四次産業革命」と呼ばれています。ＡＩやＩｏＴ（モノのインターネット）、ビッグデータ、ロボットなどの先端テクノロジーを駆使し、これまでのモノづくりを抜本的に改革しようとするプロジェクトです。

その中心的なコンセプトが「スマートファクトリー（考える工場）」です。工場内の機械や設備、人間などが相互に接続して通信し、生産プロセスを効率化、高速化、高品質化させることを目指しています。

しかし、工場の機械化、ロボット化であれば、これまでも推し進めてきました。「インダストリー4・0」が目指しているのは、従来型の同一製品（少品種）大量生産ではなく、「マス・カスタマイゼーション」という考え方です。つまり、大量生産のしくみを土台にしながらも、顧客の要望に応じるオーダーメード生産（カスタマイゼーション）を可能とする新たなモノづくりのしくみを確立しようとしているのです。

従来であれば、オーダーメードの製品はコストも高く、納期も長いというのが一般的でした。そうした常識を覆し、オーダーメードでありながら、リーズナブルなコストとリードタイムでの生産を可能にすることを目指しています。

「インダストリー4・0」には次に述べる4つの設計原則があります。
●**相互運用性**　機械やデバイス、センサーと人間を相互に接続し、通信を行う
●**情報の透明性**　基本データによって仮想モデルを作成し、情報を解釈可能にする

●**技術的アシスト**　人間にとって危険または困難な課題を支援する
●**分散的意思決定**　観測データを分析、共有し、意思決定を自律化させる

これらの設計原則はさまざまなテクノロジーを組み合わせ、融合させることによって可能となります。ロボットやセンサーといったメカトロニクスや制御技術、そしてビッグデータ、ＩｏＴ、ＡＩといったデジタルテクノロジーを有機的に組み合わせることによって、未来の工場は実現されるのです。

(2) 製造業の国際競争力強化を目指す「中国製造2025」

こうしたドイツの動きに追随しているのが、中国政府が主導する「中国製造２０２５（メード・イン・チャイナ２０２５）」です。中国はこれまでも「世界の工場」と呼ばれ、世界1位の製造規模を誇っていました。しかし、その内実は潤沢な労働力と低い賃金による労働集約的な製造業が主体で、プロセス管理やオペレーションの最適化ではドイツ、日本などと比べ、出遅れていました。

また、人件費の高騰や「一人っ子政策」による労働人口の減少などにより、従来型の労働集約的なモノづくりは限界を迎えています。そこで、中国は国を挙げて新たなテクノロ

ジーを駆使し、技術集約的な製造業へと脱皮しようとしているのです。

「中国製造2025」は2015年5月に発表され、10年間の製造業発展のロードマップが示されています。具体的には、次の3ステップを経て、製造強国になる道筋を描いています。

●第一段階　2025年までに製造強国の仲間入りを果たす

●第二段階　2035年までに製造強国の中位レベルに到達する

●第三段階　建国100周年の2049年までに製造強国の先頭グループに入る

そして、具体的な重点産業分野として、次世代情報通信分野、先端デジタル制御工作機械とロボット、航空・宇宙設備、海洋建設機械・ハイテク船舶、先進軌道交通整備、省エネ・新エネルギー自動車、電力設備、農業用機械設備、新材料、バイオ医療・高性能医療器械の10の分野を掲げています。

こうした国家を挙げての取り組みによって、モノづくりは新たな競争の時代へと突入しています。日本を支えてきたモノづくりもさらなる進化を遂げなければならないのです。

6 ブロックチェーンという新たな基盤

(1) ブロックチェーンとは「台帳情報技術」

ブロックチェーンは仮想通貨「ビットコイン」の基幹技術として発明された概念です。2008年にサトシ・ナカモトと名乗る正体不明の人物（もしくは集団）によって考案された考え方で、これをもとに「ビットコイン」のシステムが構築されました。

当初はオープンな金融サービスを実現する有望技術のひとつとして注目されましたが、その後、幅広い用途への応用が可能なことから、金融サービスにとどまらず、世界中でさまざまな実証実験が活発化しています。

ブロックチェーンは「分散型台帳技術」と呼ばれています。データベースの一部（台帳情報）を共通化、共有し、さまざまなシステムが連携する新たなオープンネットワークを実現するための技術です。いわば「みんなで管理する台帳」と呼ぶことができます。

例えば、食品流通を例に挙げると、これまでは生産者や製造業者、流通業者がそれぞれ自前のシステムを構築し、独自のデータベース（台帳情報）を管理しています。これらのプレイヤーが連携を図ろうと思っても、データ形式や管理方法がバラバラで統一されておらず、実現するためには数多くの課題を克服しなくてはなりません。

それに対して、製造履歴などの「台帳情報」をブロックチェーン上で共有することができれば、データ連携はきわめて容易になります。台帳情報の更新時にプレイヤーが内容の妥当性と一貫性を確保すれば、共通の基盤として機能し、高い透明性や信頼性を確保することが可能となります。

(2) ブロックチェーンのメリットと課題

ブロックチェーンが注目されるのは、次に挙げるようないくつかのメリットがあるからです。

●分散することでシステムダウンが防げる　ブロックチェーンは中央集権的な一元管理システムではなく、分散型のシステムです。それにより、システムがダウンすることを防ぐことが可能となります。

●データ改竄《かいざん》を不可能にする　ブロックチェーンは暗号化され、分散して保存されます。

また、暗号化されたデータは不可逆性があるため、特定することができず、データの改竄が不可能となります。

●**低コスト化が可能となる**　ブロックチェーンを使用することによって、トランザクションコストを圧縮することが可能となります。例えば、これまでは海外送金には手数料が発生し、送金回数が増えればコストがかさみますが、ブロックチェーンでは直接的な送金が実現するため、コストを抑えることができます。

こうしたメリットは金融の世界だけに限定されるものではありません。例えば、2018年に茨城県つくば市でブロックチェーンを用いたネット投票が日本で初めて行われました。ブロックチェーンを活用することで、マイナンバーカードの署名電子証明書と暗証番号を利用し、本人の投票であることを識別しています。これにより、データの改竄や消失が防止できるようになりました。

もちろん、ブロックチェーンはまだ未成熟の技術であり、リアルタイムでの処理ができないなどの課題があります。しかし、ブロックチェーンがもたらすメリットは大きいため、将来的にはビジネスのみならず、広い分野での社会基盤となる可能性があります。

私がお薦めする「次に読みたい1冊」

1 企業経営全般について理解を深める

『マネジメント』
ピーター・F・ドラッカー　2001年12月、ダイヤモンド社

ドラッカーの著作は世界中で愛読されていますが、とりわけ日本での人気は絶大です。しかし、ビジネススクールの授業でドラッカーの著作が教科書として取り上げられることは稀です。競争戦略やマーケティング、財務などの専門科目ごとに教えるビジネススクールでは、経営全体を俯瞰するドラッカーはあまりにも普遍的すぎて、教科書としては適さないのです。

しかし、個々の科目を学んだからといって、経営全体を知ることにはなりません。各科目をつなぐ根本の考え方を学ばなければ、個別の知識は役に立ちません。ドラッカーの著作はそうした「個別の知識の集積」に網をかける大きなフレームワークや基本思想を提示

しています。

なかでも、『マネジメント』は企業経営の原点を記したものです。いつ読んでも発見のある不滅の書と言えます。

2 「経営理念と組織の価値観」について理解を深める

『ビジョナリーカンパニー』

ジェームズ・C・コリンズ／ジェリー・I・ポラス　1995年9月、日経BP

「時代を超え際立った存在であり続ける企業」を分析し、エクセレントカンパニーの競争力の源泉を解き明かした古典的名著です。米国企業というと「資本主義の権化」のように見られ、短期的利益、株主価値の最大化ばかりを追求していると思われています。

しかし、優れた会社はそれぞれの会社の基本理念を大事にし、それを基盤にしながら、進化、進歩を遂げているということを数多くの事例とともに解析しています。それは多くの日本企業が暗黙的に大切にしてきたことと相通じるものでもあります。

日本的、米国的とステレオタイプに分類することにはあまり意味はありません。世界のエクセレント・カンパニーに共通する普遍的な要素は何かを学ぶために欠かせない良書です。

3 「戦略のマネジメント」について理解を深める

『良い戦略、悪い戦略』

リチャード・P・ルメルト　2012年6月、日本経済新聞出版

経営戦略、競争戦略の本は山ほどありますが、この10年ほどで出版されたなかでは出色の1冊です。この本は戦略の「質」を問いかけています。戦略には「良い戦略」と「悪い戦略」があり、悪い戦略を見分ける目を養うためのポイントが具体的に述べられています。単なる概念化で終わらず、具体例を挙げながらの分析はとても説得力があります。日本企業も登場し、「この会社に必要なのは利益を増やす戦略であって、聞こえの良いスローガンではない」など耳の痛い指摘も刺激的です。

また、実行を伴わない戦略の不毛を説き、戦略と実行が断絶してしまっている現状に警鐘を鳴らしています。経営においてそもそも戦略とは何かという根本を問い直すきっかけとなる本と言えます。

4 「マーケティングのマネジメント」について理解を深める

『コトラーのマーケティング4・0』

フィリップ・コトラー　2017年8月、朝日新聞出版

コトラーは言わずと知れた「近代マーケティングの父」と称される経営学者です。なかには、「伝統的なマーケティング理論の権化」と思っている人も多いかもしれません。

そのコトラーがインターネットの時代における新たなマーケティングの潮流を教えてくれるのがこの本です。そのカギは「顧客を推奨者へ変える」こと。SNSの時代においては、顧客は単にモノやサービスを売る対象ではなく、その体験を通じて世の中に発信し、推奨するニュー・メディアと捉えることが肝要なのです。

デジタルテクノロジーの進展によってマーケティングを考えるフレームワークやテクニックは急速に変貌を遂げつつあります。しかし、その根っこにある基本的なメッセージは変わっていないようにも思えます。

マーケティングの本質は「Ｗｏｗ！」を作り出すこと。つまり、顧客に驚きの体験や感動を与える「何か」を作り出すことがマーケティングの使命です。そのためには、「しっ

かり顧客と向き合い、顧客を理解することが不可欠です。コトラーが語るからこそ説得力がある本です。

5 「組織のマネジメント」について理解を深める

『知的機動力の本質』
野中郁次郎 2017年5月、中央公論新社

知識創造理論で世界的に有名な野中郁次郎先生が、アメリカ海兵隊を組織論的に研究し、進化し続ける組織の創り方について語る実践的研究書です。旧日本軍の敗因を分析した『失敗の本質』の姉妹編と位置付けられている本です。

知的機動力というのは「組織の根本に人間を据え、環境に身体化された／拡張された『心』を以て組織内の人と人を繋げ、鍛え、社会のために奉仕していく組織的努力」を指しています。

アメリカ海兵隊は陸・海・空を統合した世界最強の攻撃部隊として知られています。その根底にあるのは、リーダーのみならず組織を構成する一人ひとりが環境変化と組織の動きを感じ取り、組織のビジョンやゴールに向かって適時適切に判断しながら行動するとい

う自己革新的組織力です。私が長年提唱している「現場力」と相通じる考え方かもしれません。

この本を読むと、「現場力」が決して日本固有のものではないことがわかります。最強の組織に共通する自己革新力を高めるためにはどうしたらよいのか。実践的なヒントが詰まっています。

6 「人材のマネジメント」について理解を深める

『モチベーション3・0』

ダニエル・ピンク　2010年7月、講談社

人間の「やる気」（ドライブ）にフォーカスし、モチベーションを高める新しい発想やしくみを提言する興味深い本です。「失われた20年」の後遺症が残る日本企業にとって、大きな示唆を秘めています。

古典的な「アメとムチ」が機能しなくなるなかで、どうすれば人の「やる気」を引き出すことができるのかを根源的なところから探っています。結論的には、「自律性」「熟達」「目的」という温故知新的なアプローチが導き出されていますが、人間の本来の姿が変わらな

いとするならば、シンプルな結論はかえって説得力を増します。

小手先の方法やツールに依存するのではなく、「Back to Basic」こそが複雑性を高めるビジネスにおいて最も効果を生み出すのかもしれません。

7 「資金のマネジメント」について理解を深める

『戦略管理会計』（改訂2版）
西山茂　2009年3月、ダイヤモンド社

会計に関する本は、理論書から実務書まで山ほどありますが、ビジネスパーソンにとって役立つ内容の濃い本は限られています。本書は管理会計の基本をわかりやすく解説するにとどまらず、そうした知識を実務にどう活かすかについても言及しています。

会計知識を意思決定や組織管理にどのように活かすのかがわかりやすい言葉で述べられており、経営管理とは何かを学ぶことができます。経営戦略論や組織論にも触れており、経営の全体像を理解することにもつながります。

今後重要性を増す分野として、販売費や研究開発費のコントロールが取り上げられています。こうした内容は実務に直結する具体的なものであり、「会計は私には関係ない」と思っている人こそ学ぶべきものです。

8 「オペレーションのマネジメント」について理解を深める

『戦略と実行』

清水勝彦　2011年3月、日経BP

本書の「帯」には「あなたの組織は、戦略倒れになってませんか?」と記されています。どんなに卓越した戦略を立案しても、実行しなければ何の意味もありません。また、どんなにユニークな戦略でも、やがて戦略は模倣され、同質化していきます。本書ではそれを「戦略のコモディティ化（日用品化）」と呼んでいます。つまり、戦略だけで競争に打ち勝つのは困難です。

戦略が同質化すれば、勝つのは間違いなく実行力が高い会社です。経営における実行の重要性はますます高まっています。

本書では、実行力を高める要諦として「組織におけるコミュニケーション」を挙げています。コミュニケーションを単なる「情報伝達」や「情報交換」と捉えるのではなく、「トップ、ミドル、現場それぞれのメンバーが、自分の価値観をあからさまに打ち出し、共感し、何が同じで、何が違うのかを感じ合い、さらにはその違いを補完、止揚し、出来なければ妥協する行為」と定義しています。コミュニケーションの意義、重要性、奥深さをあらためて認識する好著です。

9 「成長と再生のマネジメント」について理解を深める

『危機感なき茹でガエル日本』

小林喜光監修／経済同友会著　2019年3月、中央公論新社

世界で進んでいる3つの大変革、つまりグローバル化、デジタル化、ソーシャル化というメガトレンドのなかで、日本企業はどのように成長、発展すればよいのかの指針を示す本です。

私たちは平成の30年に「緩慢なる衰退」を止めることができませんでした。「変革」という掛け声ばかりが声高に叫ばれましたが、昭和の成功体験から脱却することができず、まさに「茹でガエル」状態に陥っていました。

戦後100年目である2045年からバックキャスティングし、日本の再興を考えるというダイナミックな発想、視点は、企業経営にもそのまま当てはまります。具体的には、

X軸＝経済の豊かさの実現、Y軸＝イノベーションによる未来の開拓、Z軸＝社会の持続可能性の確保という3つの軸を打ち出し、日本という国を三次元で捉えることによって、進むべき道を見出そうとしています。これからの主流になるであろう「公益資本主義」という考え方にも相通じるものです。

10 デジタルが経営に与えるインパクトについて理解を深める
『信頼とデジタル』

三品和広／山口重樹　2020年8月、ダイヤモンド社

デジタルテクノロジーのインパクトは、多様な先進技術が同時多発的に誕生していることにあります。ＡＩ、ＩｏＴ、ビッグデータ、ロボット、ドローン……。これらの技術を融合させれば、会社のあり方、経営のしくみを根本から変えることが可能となります。それがまさにデジタルトランスフォーメーション（ＤＸ）です。

しかし、現実を見れば、多くの会社は「デジタルとは何か」「どうすれば会社を変えることができるのか」の道筋が見えず、混迷しています。デジタルに長けた新興企業だけが、デジタルの恩恵を受けているのです。

本書の「はじめに」で、著者は「デジタルは一部の新興企業だけのものではなく、既存の大企業を含むあらゆる企業と社会に影響を与え、それらを進化させていくもの」と語っています。

単なる技術論ではなく、デジタルトランスフォーメーション（ＤＸ）を経営や戦略の視点から考察し、具体的な処方箋を示しているのが本書の特徴です。大企業が衰退する理由を分析しながら、デジタルの戦略的意味合いを解き明かしています。

参考文献

伊丹敬之／加護野忠男『ゼミナール経営学入門』（日本経済新聞出版）
ジム・コリンズ／ジェリー・ポラス『ビジョナリー・カンパニー』（日経BP）
グロービス・マネジメント・インスティテュート
『新版MBAマネジメント・ブック』（ダイヤモンド社）
グロービス・マネジメント・インスティテュート
『MBA人材マネジメント』（ダイヤモンド社）
高弘伯彦『インバウンドマーケティング』（ソフトバンククリエイティブ）
鈴木良介『ビッグデータ・ビジネス』（日経文庫）
数江良一『MBAマーケティング』（ダイヤモンド社）
遠藤功『MBAオペレーション戦略』（ダイヤモンド社）
遠藤功『現場力を鍛える』（東洋経済新報社）
遠藤功『コーポレート・クオリティ』（東洋経済新報社）

水留浩一／宮崎真澄『リストラクチャリング』（東洋経済新報社）
青野弘『最新　経営のことがわかる事典』（日本実業出版社）
ダイヤモンド社＋栗原昇『図解　わかる！経営のしくみ』（ダイヤモンド社）
梅津祐良『図解　わかる！ＭＢＡ』（ＰＨＰ研究所）
高村寿一『ベーシック　経営入門』（日経文庫）
松下芳生／Team MaRIVE『マーケティング戦略ハンドブック』（ＰＨＰ研究所）
チャールズ・Ａ・オライリー／マイケル・Ｌ・タッシュマン
『両利きの経営』（東洋経済新報社）
フィリップ・コトラー／ヘルマワン・カルタジャヤ／イワン・セティアワン
『コトラーのマーケティング4・0』（朝日新聞出版）

他に、日本経済新聞、日経産業新聞、日経ビジネス等の新聞、雑誌を参考にした。

著者略歴

遠藤 功（えんどう・いさお）

株式会社シナ・コーポレーション 代表取締役
早稲田大学商学部卒業。米国ボストンカレッジ経営学修士（MBA）。三菱電機、複数の外資系戦略コンサルティング会社を経て、現職。2006年から2016年まで早稲田大学ビジネススクール教授を務めた。2020年6月末にローランド・ベルガー日本法人会長を退任。同年7月より「無所属」の独立コンサルタントとして活動している。多くの企業で社外取締役、経営顧問を務め、次世代リーダー育成の企業研修にも携わっている。
SOMPOホールディングス株式会社社外取締役。株式会社ネクステージ社外取締役。株式会社ドリーム・アーツ社外取締役。株式会社マザーハウス社外取締役。TANAKAホールディングス株式会社社外取締役。

17万部を超えるロングセラーである『現場力を鍛える』『見える化』（いずれも東洋経済新報社）をはじめ、『現場論』『生きている会社　死んでいる会社』『「カルチャー」を経営のど真ん中に据える』『新しい現場力』『現場力を鍛える -増補改訂版』（いずれも東洋経済新報社）、『新幹線お掃除の天使たち』（あさ出版）、『ガリガリ君の秘密』（日本経済新聞出版社）など、ベストセラー著書多数。

日経文庫 1431

ビジネス新・教養講座　企業経営の教科書

2021年　1月15日　1版1刷
2024年10月25日　　　4刷

著　者　遠藤 功
発行者　中川ヒロミ
発　行　株式会社日経BP
　　　　日本経済新聞出版
発　売　株式会社日経BPマーケティング
　　　　〒105-8308　東京都港区虎ノ門4-3-12

装幀　next door design
本文デザイン　野田明果
組版　マーリンクレイン
印刷・製本　シナノ印刷

 ISBN978-4-532-11431-2
Printed in Japan